manualidades fáciles internacionales

Ecomanualidades

manualidades fáciles internacionales

Ecomanualidades

Guía práctica paso a paso

DK

LONDRES, NUEVA YORK, MUNICH,
MELBOURNE Y DELHI

Edición del proyecto Katharine Goddard
Edición de arte sénior Glenda Fisher y Elaine Hewson
Coordinación editorial Penny Smith
Coordinación de arte sénior Marianne Markham
Diseño de la cubierta Nicola Powling
Producción de preproducción Rebecca Fallowfield
Soporte técnico creativo Sonia Charbonnier
Dirección de arte Jane Bull
Dirección de publicaciones Mary Ling

DK INDIA
Edición sénior Alicia Ingty
Edición Janashree Singha y Manasvi Vohra
Edición de arte sénior Balwant Singh
Edición de arte Zaurin Thoidingjam
Asistencia de edición de arte Nikita Sodhi
Coordinación de arte Navidita Thapa
Coordinación de preproducción Sunil Sharma
Maquetación Satish Chandra Gaur

Publicado originalmente en Gran Bretaña en 2013
por Dorling Kindersley Ltd.
Penguin Group (UK)
80 Strand, London WC2R 0RL

El material de este volumen fue publicado
originalmente en Gran Bretaña en
The Girls' Book of Craft and Activities (2013)
y *Craft* (2012)

Parte de Penguin Random House

Producción editorial de la versión en español: deleatur, s.l.
Traducción: Gemma Deza Guil

ISBN 978-1-4093-3069-1
Impreso y encuadernado en China por Leo Paper Products

Descubre más en **www.dkespañol.com**

Contenido

Introducción

CESTERÍA • ALFOMBRAS DE TRAPO • MATERIALES NATURALES • FLORES PRENSADAS • RECICLAJE • PINTURA DE MUEBLES • HOJALATA • ALAMBRE • VELAS • JABONES • TAPICERÍA

Hacer manualidades puede ser una delicia para el alma... y muy bueno para el planeta. Un proyecto que usa materiales que, de otro modo, irían a parar a la papelera implica que haya menos residuos en el vertedero y más objetos para decorar su hogar. Se trata de convertir basura en tesoros. ¡Bienvenido a la revolución de las ecomanualidades!

Este libro incluye un amplio abanico de manualidades que le permitirá sacar el máximo provecho de materiales naturales y reciclados. Se trata de manualidades con conciencia medioambiental, cuyo objetivo es utilizar materiales que de otro modo acabarían en el vertedero.

Celebrar la generosidad de la naturaleza fabricando cestas con varas de mimbre, una corona navideña con hojas y frutos o una tarjeta de felicitación con flores prensadas es muy fácil. Podrá recopilar los materiales dándose un paseo por el bosque o incluso en su propio jardín.

Los urbanitas quizá no disfruten de un acceso tan fácil a la naturaleza y, en su lugar, prefieran optar por manualidades basadas en el reciclaje. Las latas se pueden transformar en farolillos y una percha de alambre puede modelarse en un decorativo corazón adornado con botones. Incluso

las cáscaras de huevo pueden transformarse en un minimosaico que insufle nueva vida a un viejo marco de fotografías.

A la hora de elaborar velas y jabones caseros, es probable que ya disponga del equipo y los materiales básicos, pero deberá adquirir ciertos elementos como cera, tintes y aceites esenciales. Por suerte, existen multitud de proveedores e Internet pone todo el material al alcance de la mayoría.

También podrá restaurar un mueble que pensaba desechar dándole una capa de pintura y colocándole un par de tiradores nuevos o, con ayuda de un gancho, transformar retales y ropa vieja en una agradable alfombra.

Antes de embarcarse en un proyecto de este libro, lea bien las instrucciones y haga una lista de lo que necesita, y asegúrese de cumplir las normas de seguridad.

Útiles y materiales

Útiles y materiales

Lo mejor de hacer manualidades con materiales viejos, reciclados o encontrados es que son gratis. Solo necesitará invertir en unas cuantas herramientas especializadas, en función del proyecto que desee realizar. Revuelva cajas viejas y desentierre todo tipo de tesoros que pueden transformarse en bonitos adornos para el hogar.

Cestería

Mimbre negro Este tipo de mimbre se seca sin pelar, con la corteza. Necesita remojarse durante varios días para que sea lo bastante flexible para modelarlo.

Punzón Esta púa metálica afilada sirve para hacer espacios al tejer. Si no dispone de uno, puede utilizar una broqueta metálica o un destornillador.

Cuerda La necesitará para atar los extremos de la cesta mientras la teje y para conservar la forma de esta cuando la extraiga de la base.

Compás Le ayudará a dibujar círculos y semicírculos para elaborar una base de cartón. Mida el radio necesario con una regla. Por ejemplo, un círculo de 15 cm de diámetro tendrá un radio de 7,5 cm.

Mimbre blanco El mimbre blanco se ha empozado y pelado. Se vuelve maleable con muchas menos horas de remojo que el mimbre negro, así que resulta más práctico si no se dispone de mucho tiempo.

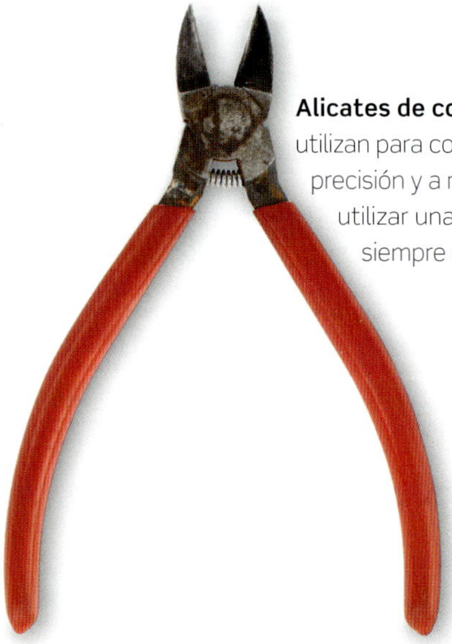

Alicates de corte lateral Se utilizan para cortar el mimbre con precisión y a ras. También puede utilizar unas tijeras de podar, siempre que estén afiladas.

Base La base sostiene las varas de mimbre con la forma de su interés mientras teje. Pueden realizarse de cualquier tamaño y con la estructura que prefiera. Perfore agujeros en un trozo de cartón para pasar el mimbre a través de ellos.

Alfombras de trapo

Telas recicladas Para hacer una auténtica alfombra de trapo debería utilizar telas recicladas. Sirven camisetas viejas, tejidos de lana cardada, sudaderas de algodón, mantas de lana y sábanas de algodón viejas. No conviene utilizar tejidos gruesos de cortinaje ni telas que se deshilachen.

Arpillera La arpillera común de 285 g forma la base de la alfombra. Tiene una trama abierta que facilita trabajarla. También puede utilizar sacos de yute.

Galga de corte Se utiliza para cortar trozos de tela regulares de una tira larga.

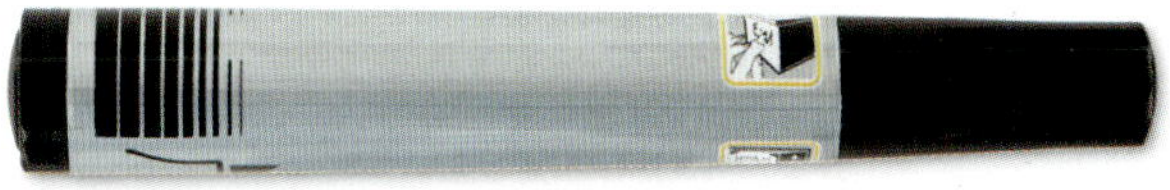

Rotulador grueso Marque el diseño en la arpillera con tiza y, una vez le resulte satisfactorio, repáselo con un rotulador para marcar bien las líneas.

Ganchillo para alfombras Este ganchillo de latón con mango de tejo redondeado se utiliza para crear un rizo denso.

Bodger Estas pinzas puntiagudas y con mandíbulas de muelle sujetan todo tipo de trozos de tela y permiten pasarlos a través de la arpillera para crear un tejido mullido de lazos cortados.

Bastidor Se usa para tensar la arpillera, de manera que elaborar la alfombra resulte más sencillo. También puede usar un marco para tapicería.

Hilo resistente Utilice hilo de yute o hilo grueso para botones y alfombras para unir las piezas de arpillera trabajadas.

Materiales naturales

Selección de hojas y frutos frescos En la naturaleza hallará hojas verdes, como las del mirto, el eucalipto y la hiedra, y ramitas con bayas coloridas, las cuales añadirán color, textura y fragancia a su proyecto.

Ramas delgadas Las de vid, lúpulo o hiedra se vuelven resistentes cuando se entretejen y componen una base para hacer una corona navideña.

Selección de hojas y frutos secos Busque piñas, bellotas, castañas de Indias y hojas secas para aportar textura y detalle a su proyecto.

Vaporizador Un pequeño frasco con vaporizador lleno de agua resulta útil para rociar las hojas y los frutos frescos y hacer que se conserven lozanos más tiempo.

Alambre fino Este alambre, que suele utilizarse para hacer joyería, se dobla, corta y enrolla con facilidad.

Aceite aromático Añada unas gotas de aceite aromático a las coronas de hojas y frutos para potenciar la fragancia natural de las hojas frescas.

Flores prensadas

Prensa de secado al aire Elaborada en espuma de poca densidad con capas de algodón sobre las cuales se disponen las flores, esta prensa se mantiene apretada con una malla de plástico y tiras de velcro. Debe permitirse el paso de aire cálido a través de la prensa para que las flores se sequen en uno o dos días.

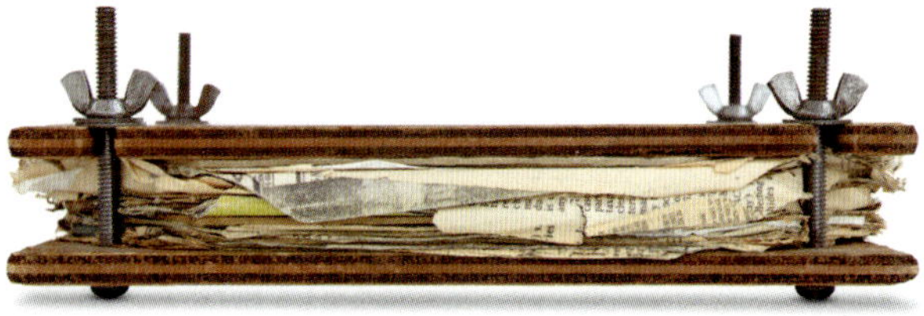

Prensa tradicional Se compone de hojas de papel de periódico intercaladas con capas de cartulina que se aprietan entre planchas de madera contrachapada fijadas con tornillos mariposa. Las flores se colocan entre hojas de papel de seda o papel secante y luego se insertan entre las capas de papel de periódico. En un lugar cálido, las hojas deberían estar secas en una o dos semanas.

Prensa para microondas Dos capas de fieltro, sujetas con dos planchas de plástico y pinzas resistentes al microondas, encierran dos capas de algodón. Las flores se introducen entre las capas de algodón y se secan en el microondas. Están listas en unos segundos. Las hay de dos tamaños: de 12,5 cm y de 27,5 cm de lado.

Prensa de papel secante Se compone de varias almohadillas de papel secante grueso entre las cuales se colocan las flores, prensadas entre papel de seda. Las almohadillas se aplastan entre dos planchas de polietileno ajustadas con gomas elásticas. Las flores se secarán en unos cuantos días. Tras retirar las flores, conviene secar las almohadillas antes de volverlas a usar.

Cartulina Busque cartulina de la mejor calidad para obtener un resultado óptimo. Conviene usar cartulina de entre 225 y 260 g para asegurarse de que se mantenga rígida cuando se peguen las flores.

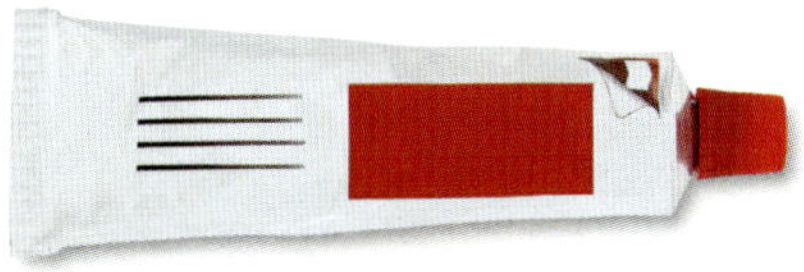

Pegamento de base de caucho Utilice un pegamento de base de caucho; los de base acuosa volverán a humedecer las flores prensadas y secadas y, con el tiempo, harán que se decoloren.

Pintura de muebles

Imprimación Sella la madera y forma una base opaca sobre la cual pintar con pintura satinada o al temple.

Pintura al agua mate Se aplica sobre la imprimación en las zonas que se pintarán o se estarcirán. Proporciona una mejor superficie para pintar que la imprimación sola. Cúbrala con dos capas de barniz.

Esmalte sintético satinado Es la última capa que se da al mobiliario y la carpintería de interiores. Presenta un acabado contemporáneo semimate. Normalmente conviene dar dos capas.

Barniz al agua de secado rápido Es un barniz transparente. Se aplica sobre las zonas del mobiliario que se han estarcido o pintado para protegerlas de posibles impactos y derramamientos de líquidos. Se recomienda dar dos capas.

Escalpelo Se trata de un cuchillo muy afilado que debe emplearse con sumo cuidado. Es la herramienta más precisa y fácil de usar a la hora de recortar diseños en cartulina y cartón para estarcir. Si lo prefiere, puede utilizar un cúter.

Pinturas acrílicas o botes de muestra de pinturas al agua Se utilizan para hacer dibujos en el mobiliario con ayuda de plantillas o con un pincel. Pueden mezclarse para hacer más colores.

Masilla para madera Se utiliza para rellenar los agujeritos y muescas de la madera. Una vez seca, puede alisarse con una lija.

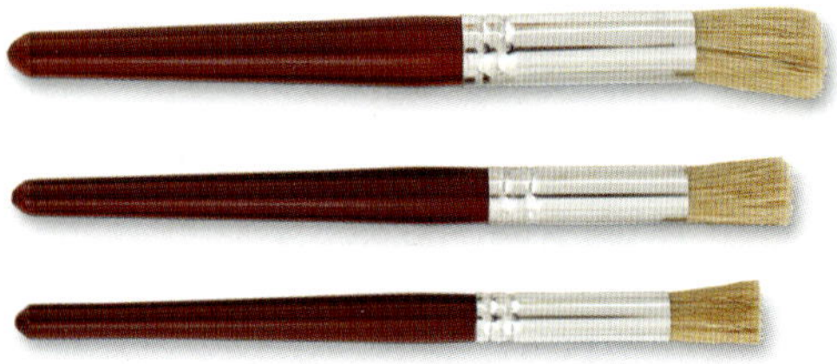

Pinceles para estarcir Un pincel para estarcir es corto y grueso, con una alta densidad de cerdas muy prietas. La dureza de las cerdas reduce la posibilidad de que la pintura se filtre bajo la plantilla.

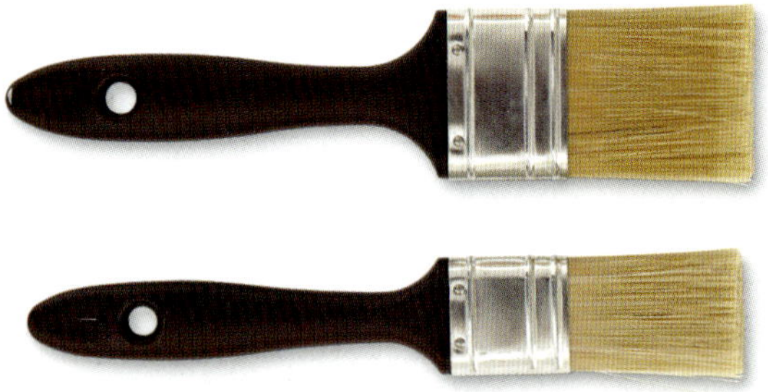

Brochas para madera Estas paletinas se utilizan para pintar y barnizar el armazón o el revestimiento de los muebles. Las medidas más pequeñas son útiles para acceder a los rincones difíciles.

Cartulina/cartón para estarcir La cartulina para estarcir está engrasada, es pesada e impermeable. De la cartulina se recortan diseños para crear imágenes que puedan aplicarse con un pincel para estarcir a muebles, paredes y accesorios.

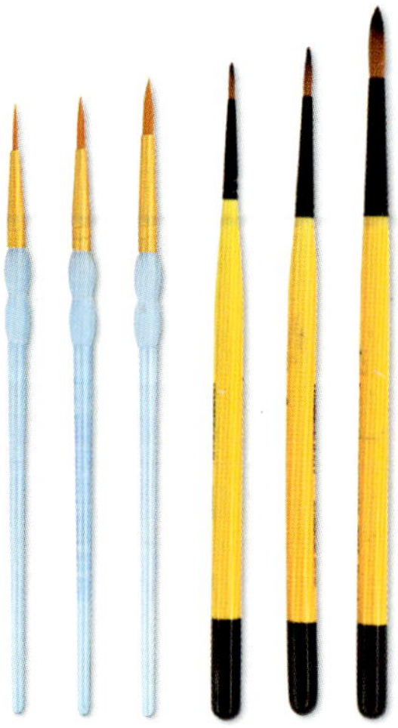

Pinceles redondos Los más adecuados son los indicados para pintar con acuarelas o aguada. Elija pinceles redondos con cerdas sintéticas o de marta cibelina. Se utilizan para pintar dibujos en muebles y añadir detalles a los diseños estarcidos.

Papel de lija de grano medio y taco de lija El papel de lija sirve para alisar la madera sin barnizar, para quitar el barniz o la pintura vieja o para lijar entre las varias capas de pintura. A la hora de lijar una superficie lisa, es más práctico utilizar un taco de lija envuelto en papel de lija.

Hojalata

Latas Suelen ser de acero inoxidable con una película de estaño. Las latas con cierre de anilla son ideales, pues el borde se mantiene intacto y con el perfil liso.

Martillo Hágase con un martillo que le resulte cómodo de sostener. Es el peso del martillo el que debe hacer el trabajo, no su brazo.

Clavos Son duros e ideales para perforar una lata.

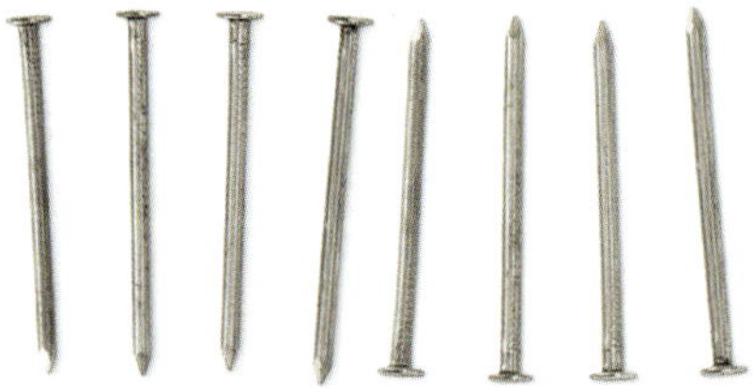

Saco de arena protector Si no dispone de una bolsa de tela adecuada, bastará con usar una tela gruesa. Ponga arena en el centro, frunza los extremos y átelos bien para que no se salga el relleno.

Alambre

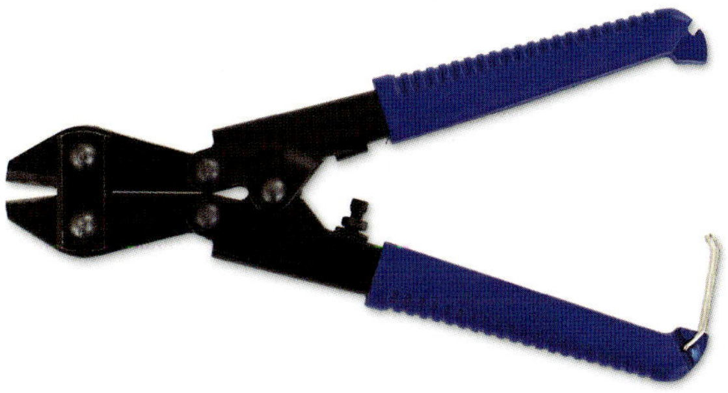

Cortapernos pequeño La herramienta ideal para cortar alambre grueso. Si no dispone de uno, los alicates de corte incluidos en cualquier alicate universal le servirán.

Perchas de alambre Están fabricadas con un alambre relativamente grueso que puede enderezarse y usarse en cualquier proyecto de manualidades que requiera alambre.

Alicates de corte Unos alicates de corte lateral básicos le servirán para cortar alambre de calibre fino y medio.

Guantes de jardinería Lleve guantes de jardinería o unos guantes de tela gruesa al manipular alambre para moldearlo más fácilmente y protegerse las manos de las puntas afiladas.

Alicates para cortar cable Son más robustos que los alicates de corte convencionales y permiten cortar alambre grueso, como el que se utiliza para las perchas de alambre.

Alicates para doblar alambre Estos alicates tienen las bocas lisas para dejar las mínimas marcas en el alambre. Tienen una boca plana y otra curva, lo cual los hace ideales para doblar alambre de calibre grueso con una curva lisa y homogénea.

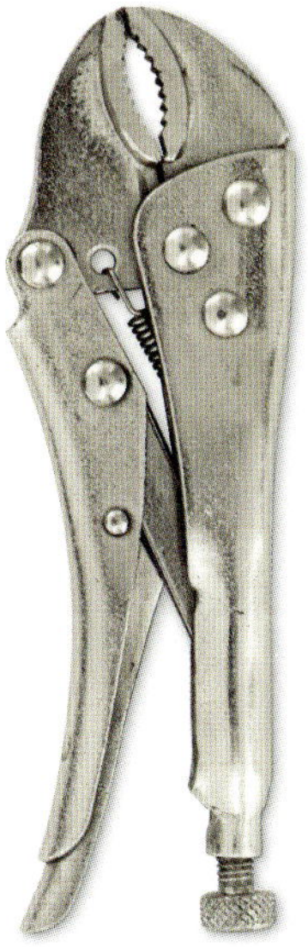

Mordaza de presión pequeña Ideal para doblar alambre en línea recta o en ángulos pronunciados. Puede ajustarse para fijarla al objeto que sostiene con ella.

Alambre de calibre (grosor) medio Alambre fino que se dobla y corta fácilmente. Resulta práctico para enroscar, enrollar y unir trozos de alambre.

Velas

Cacerola para baño María Puede comprar una especial o utilizar una cacerola grande con un cazo más pequeño encima. Si calienta grandes cantidades de cera, puede comprar un calentador de cera especial.

Moldes para velas Los hay de policarbonato, plástico, látex, metal y silicona, y pueden adquirirse en tiendas especializadas. Si lo prefiere, puede hacer sus propios moldes (p. 60).

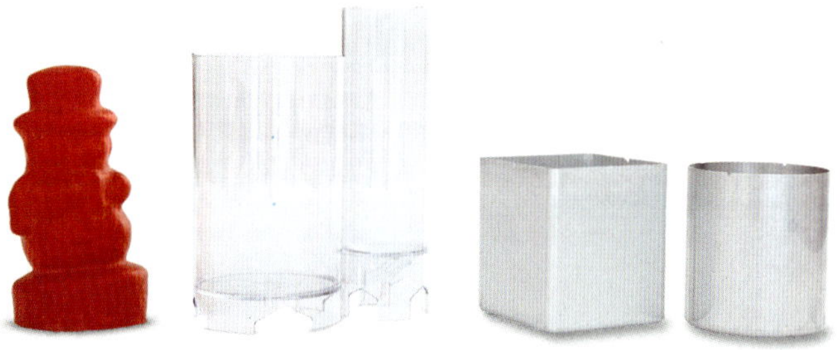

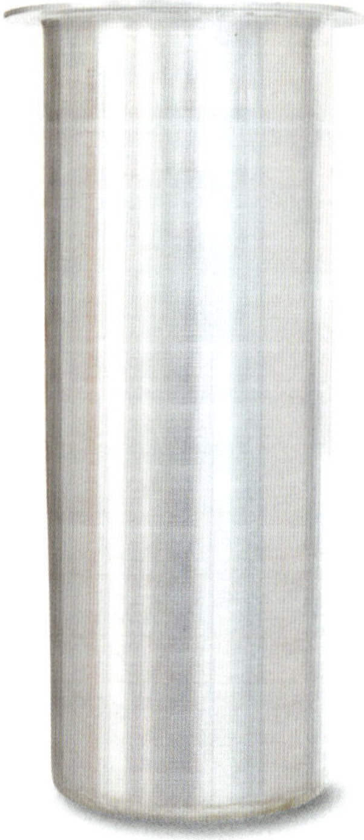

Bote metálico de inmersión Recipiente alto que se utiliza para hacer velas de inmersión (pp. 64-65).

Olla honda Esta olla (para espárragos) es ideal para hacer velas de inmersión. Primero introduzca la trébede en la olla, luego coloque el bote metálico de inmersión encima y llene dos tercios de la cacerola con agua.

Jarra metálica Sirve para verter la cera caliente derretida en los moldes. También puede utilizar una jarra de vidrio o de policarbonato, pero es importante que resista la temperatura de la cera y vierta bien.

Cacito Este cacito cabe en el calentador de cera mini.

Calentador de cera mini Este electrodoméstico en realidad sirve para hacer *fondue* de chocolate, pero va perfecto para fundir pequeñas cantidades de cera de soja sin necesidad de usar una cacerola para baño María.

Esterilla refractaria Se utiliza para apoyar las cacerolas calientes y los botes de inmersión.

Termómetro de cocina Este termómetro especial se emplea para comprobar la temperatura de la cera. Algunos termómetros contienen alcohol, otros mercurio y los hay con esferas numéricas, que resultan fáciles de leer y se pueden enganchar con una pinza a la pared de una cacerola para baño María.

Bandeja de horno Sirve para proteger la superficie de trabajo de posibles derramamientos de cera. También puede usarse papel de aluminio.

Trébede metálica Esta pequeña alza se utiliza para elevar el bote de inmersión en el fondo de la olla.

Cera de abejas

Cera de soja

Parafina en gel

Cera Hay diferentes tipos de cera: cera de abejas, de soja, de parafina y parafina en gel. La cera de abejas y la de soja son productos naturales que emiten humos limpios. La cera de soja se puede adquirir en escamas y, al ser hidrosoluble, es fácil de eliminar de cacerolas y utensilios tras su uso.

TAMBIÉN NECESITARÁ...

Cuchara metálica o mezclador Utilícela para remover la cera.

Jarra medidora Es muy útil para medir la cera, los aromatizantes, etc.

Básculas electrónicas Para pesar la cera, los aromatizantes y el tinte. Ofrecen la garantía de una gran precisión, sobre todo al pesar pequeñas cantidades de tinte y aceites aromáticos.

Delantal Para protegerse la ropa.

Cúter Para cortar láminas de cera de abejas.

Blu-Tack o arcilla de modelar Para sellar los orificios de los moldes para velas e impedir que la cera se filtre por ellos.

Colorantes Pueden adquirirse en formato sólido o líquido. Los colorantes sólidos son fáciles de cortar, medir y manejar, y además no ensucian. Los colorantes líquidos son muy concentrados y, aunque solo se precisan unas gotas para colorear las velas, resultan más complicados de medir.

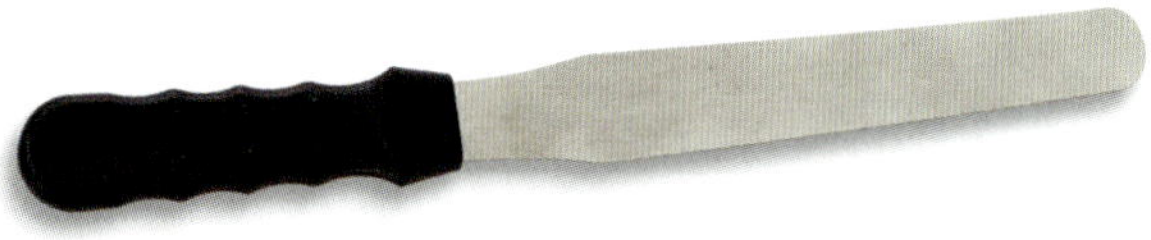

Espátula Se utiliza para remover la cera y mezclar en ella los tintes y aceites aromatizantes.

Aceites aromatizantes Existen dos tipos de aceite aromatizante: el aceite aromático para velas (una mezcla sintética) y el aceite esencial o de aromaterapia (extracto de plantas y flores). Los aceites esenciales son más caros que los aromáticos para velas, pero la fragancia tiene una pureza del 100%.

Sujeta-pabilos y aguja para pasar pabilos Pueden adquirirse en cererías y comercios especializados. También puede hacer uno propio uniendo los dos extremos de dos broquetas de madera de 10 cm de longitud con gomas elásticas.

Pabilos Hay pabilos o mechas de multitud de tipos, formas y materiales, desde trenzas planas hasta trenzas cúbicas de algodón o pabilos de madera o con corazón. El tamaño del pabilo depende del diámetro de la vela y del tipo de cera.

Tenacillas de corte Puede utilizar unas tijeras afiladas, unos alicates de corte o unas tenacillas de corte (en la imagen) para cortar los pabilos.

Jabones

Base de jabón para fundir Estas bases de glicerina transparentes u opacas están diseñadas para fundirse y remodelarse en barras.

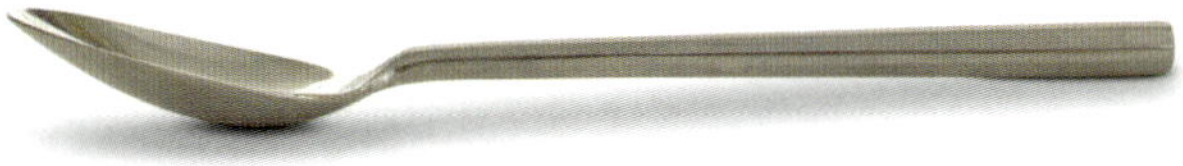

Cuchara o jarra medidora Para medir las cantidades de aromatizantes y aceites esenciales.

Cazos y cacerolas Puede usar cualquier tipo de cazo; basta con asegurarse de que el cuenco refractario encaje bien encima sin tocar el fondo del cazo.

Báscula de cocina Sirven tanto las básculas de cocina antiguas como las electrónicas. Se utilizan para pesar el jabón y otros ingredientes.

Uno o más cuencos refractarios Se utilizan para fundir el jabón, ya sea sobre un fogón o en el microondas.

Moldes Pueden ser de cualquier tipo, desde moldes con formas para jabón hasta recipientes para la mantequilla. También van perfectos los moldes de silicona para el horno y los táperes. Evite los moldes que puedan deformarse con el calor.

Mondadientes Son útiles para transferir los tintes y pigmentos en diminutas dosis a la base de jabón.

Tabla de cortar Trocee la base de jabón en dados sobre una tabla de plástico o de madera.

Colorantes Los pigmentos cosméticos, los tintes y colorantes y las micas (minerales en polvo) sirven para teñir el jabón de forma segura y duradera. También pueden utilizarse colorantes alimenticios, pero suelen decolorarse, así que se recomienda evitarlos.

Aromatizantes Los aceites esenciales son ideales para crear jabones de aromaterapia, mientras que los aromatizantes sintéticos ofrecen una gama de opciones de perfume adicionales. Use solo aceites esenciales o aromatizantes testados para uso cosmético.

Miel

Semillas de amapola

Texturizadores Puede utilizarse avena molida fina, miel, arcilla en polvo y mantequillas y aceites sólidos para añadir propiedades exfoliantes o hidratantes al jabón.

Arcilla verde

Manteca de karité

Avena molida

Cuchillo o rasqueta metálica Ideales para cortar jabones en trozos y barras.

Aditivos vegetales Capullos, pétalos de flor, hierbas o unas rodajas de fruta, todos estos secos, pueden servir para decorar los jabones. (Nota: algunos ingredientes, como los pétalos de rosa, se decolorarán al quedar incrustados en el jabón, por lo que sirven mejor como decoración superficial. Los pétalos de caléndula secos, por su parte, retienen su vivo color cuando se mezclan con el jabón.)

TAMBIÉN NECESITARÁ...

Horno microondas Lo necesitará para fundir pequeñas cantidades de jabón (en lugar de fundirlo en el hornillo).

Alcohol de farmacia de 96° Líquido usado para eliminar las burbujas superficiales y propiciar la adherencia entre las capas de jabón. Viértalo en un pequeño vaporizador para utilizarlo con mayor comodidad.

Cucharas metálicas Esencial para remover el jabón fundido.

Film transparente Utilícelo para guardar los jabones acabados que no van a usarse en el futuro inmediato.

Tapicería

Sacaclavos y desgrapador Se utilizan para levantar y quitar tachuelas y grapas.

Mazo de madera y gubia dentada Se utilizan para quitar las tachuelas y los materiales viejos.

Tensor de cinchas Se usa para tensar las cinchas con la fuerza suficiente para aguantar el peso de una persona.

Martillo magnético Este martillo de cabeza pequeña tiene una punta magnética, ideal para recoger las tachuelas.

Regulador Se utiliza para colocar el relleno en su sitio.

Agujas Aguja bayoneta o de doble punta de 30 cm para coser los bordes.

Aguja de coser y para botones de 25 cm.

Aguja curva de 12,5 cm para coser los muelles y a través de las cinchas.

Selección de agujas más pequeñas para coser.

Tachas Tienen la cabeza más grande que las tachuelas y se utilizan para fijar la cincha de yute y los materiales de trama abierta, como la arpillera y la gasa.

Tachuelas Se utilizan para clavar el calicó, la tela protectora y la tela de tapicería.

Cincha de yute o lona Al entretejerse, la cincha forma una base sólida para un asiento.

Guata Un segundo relleno más fino impide que la crin animal atraviese la tela de la tapicería.

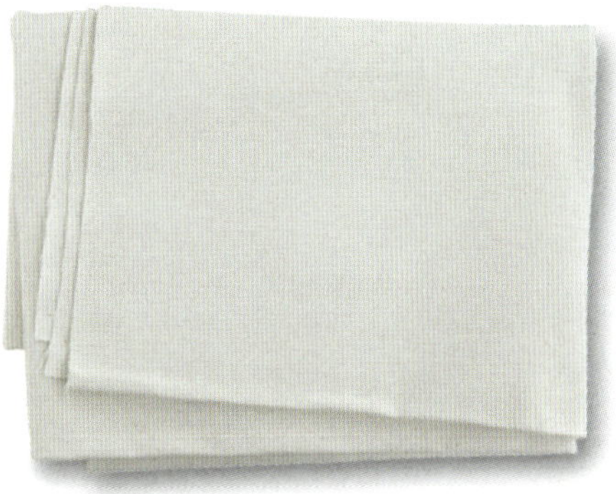

Calicó o entretela/tejido barrera ignífugo Se utiliza para envolver los rellenos y definir la forma final.

Arpillera Utilice arpillera de gramaje medio para cubrir las cinchas y los muelles.

Gasa Utilice gasa de 250 g para los huecos de los rellenos listos para coser.

Tela de tapicería Es recomendable usar telas resistentes y elegir el estampado acorde con el estilo y la madera de la silla.

Forro Se utiliza para cubrir las cinchas, las tachuelas y los bordes toscos.

Borra de lana o algodón Se usa como segundo material de relleno.

Crin animal o fibra de coco Se usa como primer material de relleno.

Bramante de cáñamo o de nailon Se utiliza para mantener el relleno en su sitio.

Técnicas y proyectos

Cestería TÉCNICAS

El mimbre es un material estupendo para hacer cestería, pero debe seguir unas pautas básicas para prepararlo y manipularlo. Una vez haya aprendido las técnicas básicas, puede probar a fabricar cestas de distintos tamaños y tejerlas con diseños más complicados.

Elección de los materiales

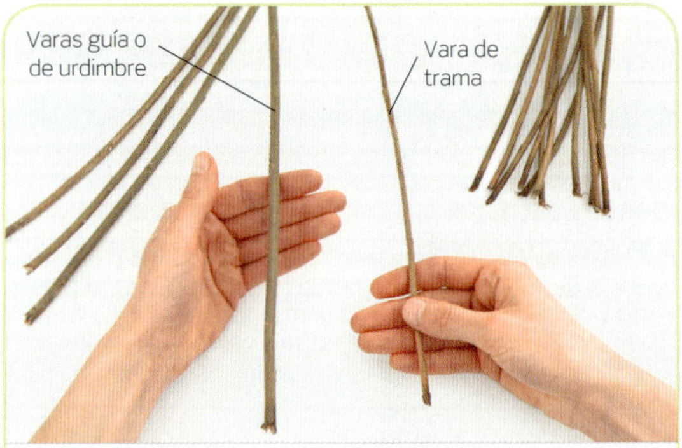

Las varas guía o de urdimbre y las varas de trama deben presentar entre ellas el mismo grosor y longitud. Las varas de urdimbre forman el esqueleto de la cesta y las varas de trama se entrecruzan entre ellas. Conviene seleccionar las varas de urdimbre de un mimbre de 1,5 m y las de trama de uno de 1 m.

Remojar y ablandar el mimbre

Cuando está seco, el mimbre es quebradizo, motivo por el cual hay que remojarlo en agua fría para manipularlo. Tras remojarlo, ablándelo enrollándolo en una toalla húmeda y dejándolo reposar en un lugar frío toda la noche.

CALCULAR EL TIEMPO DE REMOJO PARA EL MIMBRE

El mimbre blanco se ha empozado y pelado, de modo que requiere menos tiempo de remojo que el mimbre negro. Remoje el mimbre blanco de 1 a 2 horas en agua fría. Remoje el mimbre negro en agua fría un día por cada 30 cm de mimbre (de tal modo que 1 m de mimbre deberá remojarse durante tres días). Si necesita acelerar el proceso, use agua caliente del grifo.

Fabricar una base y un armazón de cartón

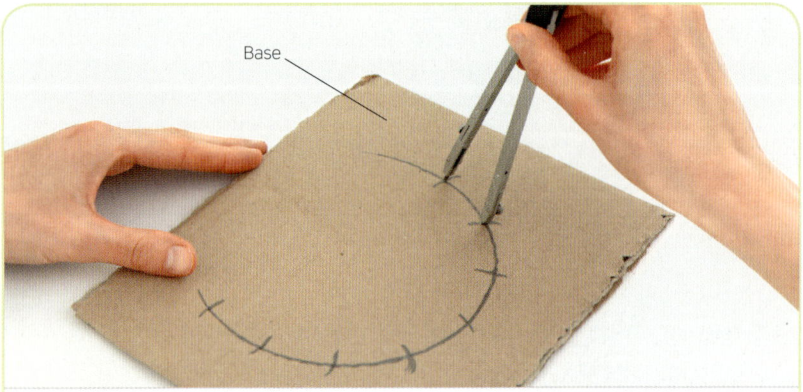

1 Se usa una base para sujetar el armazón de mimbre en la forma deseada. Dibuje con un compás un amplio semicírculo de 15 cm de diámetro en un trozo de cartón o marque el contorno de un plato de tamaño similar. Señale ocho puntos espaciados de modo uniforme, con una separación de 3,5 cm.

2 Con un punzón o una broqueta, haga un agujero en cada punto del cartón.

3 Antes de introducir las varas de urdimbre por los agujeros para construir el armazón, bisélelos por el extremo grueso con unos alicates de corte para poder insertarlos más fácilmente.

4 Introduzca la primera vara guía empezando por el extremo grueso a través del primer agujero hasta que sobresalga un tercio por la otra cara del cartón. Introduzca la siguiente vara por el extremo grueso a través del agujero contiguo desde la otra cara del cartón hasta que sobresalga dos tercios. Siga insertando las varas guía de forma alterna hasta tenerlas todas colocadas y completar el esqueleto de la cesta. Los extremos deberían quedar intercalados: grueso, fino, grueso, fino, etc.

5 Con un trozo de cuerda, ate las varas de urdimbre por un extremo para mantenerlas en su sitio.

Tejido básico

Para tejer se va entrecruzando la vara de trama por delante de una urdimbre y por detrás de la siguiente. Cada vara de trama debe tejerse de manera opuesta a la anterior. Utilice varas de trama más gruesas cuando las de urdimbre están muy espaciadas y más finas a medida que se reduce el espacio entre estas.

Trenzado en los bordes

1 Cuando llegue a la última vara de urdimbre con la de trama, dele la vuelta alrededor y empiece a trenzar en la dirección opuesta.

2 Para crear un borde más seguro, dé dos vueltas con la vara de trama, bien tensa, alrededor de la última de urdimbre antes de empezar a trenzarla en la dirección opuesta. Así se asegurará de que la vara de trama sujete las de guía bien rectas.

Trenzado

1 Si la vara de trama acaba en el extremo grueso, inserte la nueva vara también por el extremo grueso en el siguiente espacio. Procure que los extremos gruesos queden hacia dentro; podrá recortarlos más adelante.

2 Cuando acabe en un extremo fino, coloque el extremo fino de la nueva vara de trama sobre la vara de trama anterior, de modo que se solapen, y tréncelas juntas durante un tramo corto. Continúe trenzando la cesta con la vara nueva.

Acabado

1 Acabe siempre de tejer la cesta con un extremo fino y remétalo en la hilera tejida previamente para ocultarlo.

2 Recorte los extremos con unos alicates de corte, asegurándose de que cada vara de trama descanse en una de urdimbre. Al secarse, el mimbre encoge un poco, de manera que conviene dejar la vara de trama un poco larga. Podrá recortarla a ras cuando se haya secado por completo.

Atar las varas de urdimbre

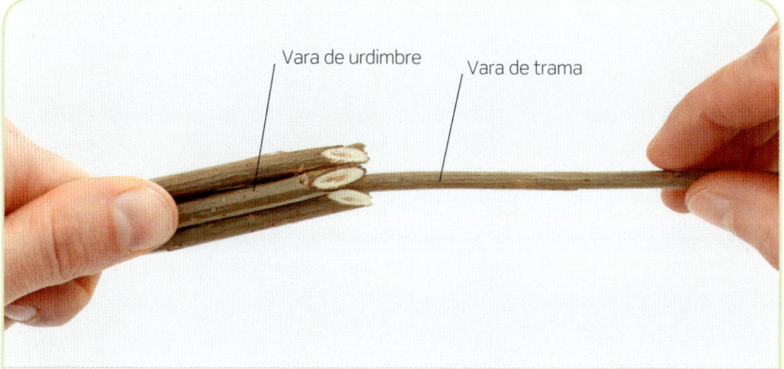

1 Para que el armazón de una cesta quede bien fijo, puede atar las varas de urdimbre. Esto se hace antes de completar la labor de cestería. Inserte el extremo grueso de una vara de trama entre los extremos de un manojo de varas de urdimbre, con el extremo fino de la vara de trama apuntando hacia fuera.

2 Doble la vara de trama en ángulo de 90° y asegúrese de que quede bien sujeta por el extremo grueso a las varas de urdimbre.

3 Enrolle la vara de trama alrededor del manojo de varas de urdimbre, bien tensa.

4 Continúe enrollando la vara hasta tener cinco vueltas muy juntas.

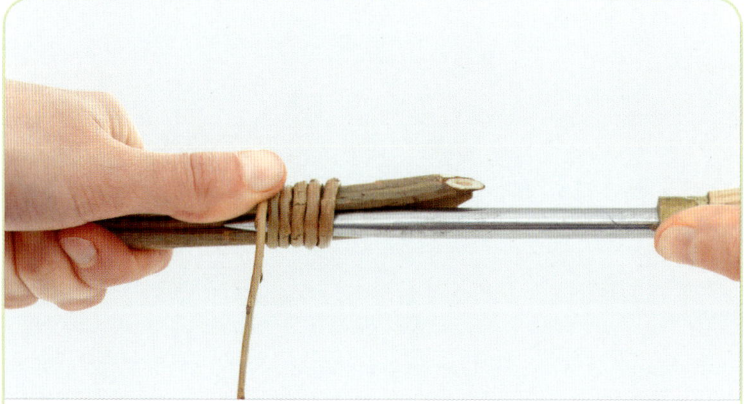

5 Con la atadura asegurada en su sitio, pase un punzón entre las varas de urdimbre y la vara de trama para hacer un pequeño espacio.

6 Extraiga el punzón y meta la punta de la vara por dentro de las vueltas enrolladas. Sáquela de nuevo hacia la dirección en que apuntaba originalmente y tire bien para fijarla en su sitio.

Frutero de mimbre PROYECTO

En este sencillo proyecto tejemos el armazón de una cesta con mimbre negro. El trenzado se lleva a cabo en torno a una base de cartón que garantiza que la cesta conserve su forma mientras usted se concentra en tejerla. Una vez domine la técnica básica para tejer, podrá disfrutar viendo cómo la pieza toma forma. Use la cesta como frutero o como pieza escultórica colgada de una pared.

NECESITARÁ

- 8 varas guía o de urdimbre gruesas de 1,5 m de mimbre negro
- 60 varas de trama de 1 m de mimbre negro
- Toalla
- Alicates de corte lateral
- Base de cartón (pp. 26–27)
- Compás
- Cuerda
- Tijeras
- Regla
- Punzón

1 Remoje y reblandezca las varas de urdimbre y de trama (p. 26). Introduzca por el extremo grueso una vara guía a través del primer agujero de la base de la cesta, hasta que sobresalga un tercio. Inserte el extremo grueso de la vara guía siguiente por el agujero contiguo desde el lado opuesto del cartón, hasta que sobresalga dos tercios. Siga insertando las varas de modo alterno hasta tener las ocho colocadas. Átelas por un extremo con un trozo de cuerda.

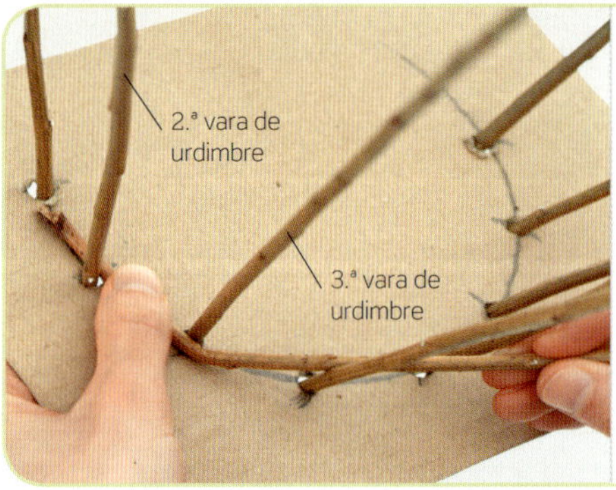

2 Empiece a tejer por la cara no atada: coloque el extremo grueso de una vara de trama entre la segunda y la tercera varas de urdimbre. Entrecruce la vara de trama por delante de una de urdimbre, luego pásela por detrás de la siguiente y así sucesivamente. Enrolle la vara bien tensa alrededor de la última vara guía y luego siga tejiendo en la dirección opuesta.

3 Repita la operación hasta que la vara de trama haya ido y venido tres veces y acabe por la cara opuesta a la que empezó. El extremo fino de la vara debería apoyarse en la cara externa de la séptima vara de urdimbre.

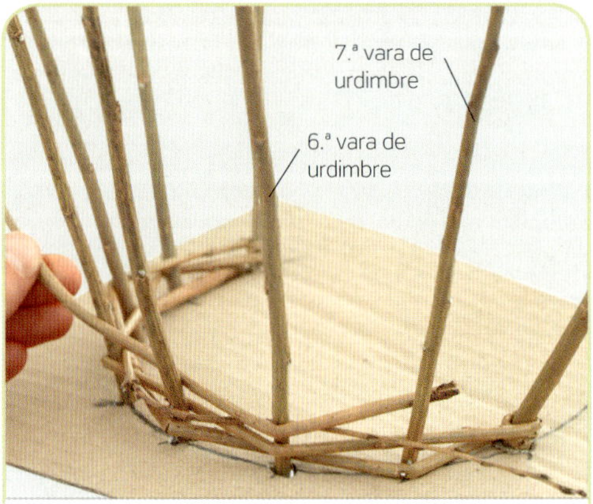

4 Coloque el extremo grueso de la siguiente vara de trama entre la séptima y la sexta varas de urdimbre y siga tejiendo del mismo modo.

5 Siga trenzando. Coloque una nueva vara de trama en el lado opuesto de la cesta al que puso la última. Tras entrecruzar seis varas de trama, ate los extremos de las de urdimbre con cuerda para lograr una forma ahusada.

6 Siga trenzando el mimbre hasta tener unos 15 cm de tejido. Desate las puntas de las varas de urdimbre cuando estén demasiado cerca como para tejer entre ellas.

7 Retire la base de cartón y ate una cuerda a lo ancho de la cesta para que conserve su forma. Teja la segunda mitad de la cesta del mismo modo que la primera.

8 Amarre los extremos siguiendo las indicaciones para **atar las varas de urdimbre** (p. 29). Recorte los extremos con unos alicates de corte lateral. Retire la cuerda.

Alfombras de trapo TÉCNICAS

Esta artesanía es un modo sensacional de reciclar telas. Use tiras largas de tela trabajadas en una base de arpillera con un ganchillo para alfombras y cree un rizo denso. Pase tiras más cortas de tela a través de la arpillera usando un *bodger* o un ganchillo para darle un aspecto desordenado.

Técnica de lazo continuo (con ganchillo)

Preparar la tela

Corte tiras tan largas como permita la tela. Para ganar velocidad, doble la tela y corte varias capas de golpe. Las tiras deben medir 2 o 3 cm de ancho, en función del grosor de la tela. Por lo general, cuanto más gruesa sea la tela, más finas deben ser las tiras.

Usar un ganchillo para alfombras

1 Tense un retal de arpillera en un bastidor. Marque el dibujo que desea hacer, primero con tiza y luego, una vez le satisfaga, repase las líneas con un rotulador.

2 Sostenga el ganchillo en una mano y la tira de tela en la otra, por debajo del bastidor. Guiándose por el diseño, pase el ganchillo a través de la arpillera y enganche con él la tira de tela por un extremo.

3 Tire de la tela para sacar el extremo por la cara superior de la arpillera, unos 2,5 cm. Más tarde la recortará a la altura de los rizos. Suelte la tira del ganchillo.

4 Pase el ganchillo de nuevo a través de la arpillera tres hilos más adelante, enganche la tela y tire de ella hasta que sobresalga un bucle unos 2 cm por la cara superior de la arpillera. Repita esta operación, creando rizos uniformes, hasta agotar la tira de tela.

5 Para empezar con una nueva tira, pase el ganchillo hacia el revés de la arpillera por el punto por el que ha sacado el extremo de la anterior. Enganche luego el extremo de la nueva tira. Deje unos tres hilos de arpillera entre cada fila.

6 Con mucho cuidado, recorte los cabos de las tiras para que queden nivelados con los rizos.

Técnica de lazo cortado

Preparar la tela

1 Corte la tela que haya elegido en tiras de 2 cm de ancho. Para ganar tiempo, puede doblar la tela varias veces sobre sí misma y cortar de golpe varias capas.

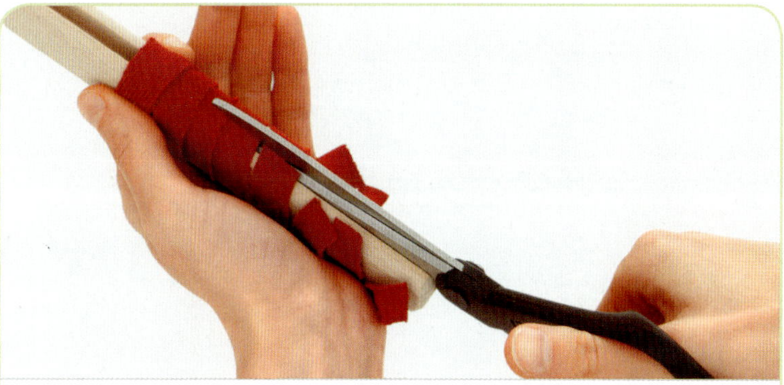

2 Para esta técnica se necesitan tiras de tela de unos 7,5 cm de longitud. Para confeccionarlas, enrolle una tira larga de tela alrededor de una galga de corte y córtela a lo largo de la muesca con unas tijeras.

Utilizar un *bodger*

1 Con un rotulador, transfiera el dibujo a la base de arpillera.

2 Guiándose por el dibujo, pase la punta afilada del *bodger* a través de la arpillera y sáquela dos o tres hilos más adelante con el fin de crear un «doble agujero».

3 Abra la boca del *bodger*, sujete una tira de tela por un extremo y tire de ella hasta pasar la mitad por los dos agujeros. Suelte la tela.

4 Inserte el *bodger* en el último agujero realizado y sáquelo dos o tres hilos más adelante. Agarre con él la siguiente tira de tela.

5 Repita esta operación, dejando dos o tres hilos entre cada dos hileras adyacentes de tela. Separe un poco más las puntadas si emplea una tela afelpada, ya que ensanchará y acabará cubriendo una mayor superficie.

Alfombra multicolor PROYECTO

El aspecto despeinado de esta alfombra se ha logrado mediante la técnica de lazo cortado, con telas de algodón y lana recicladas. Se crean seis cuadrados que luego se unen y componen una alfombra funcional y de agradable tacto, ideal para colocar a los pies de la cama o junto a la puerta de casa.

NECESITARÁ

- 6 cuadrados de 26 cm de arpillera común de 285 g
- Regla
- Rotulador
- Plantillas de cartón: un cuadrado de 20 cm, y un círculo, un corazón y una flor que quepan dentro del cuadrado
- Lanas y algodones de trama fina reciclados en colores rojo, verde, azul, gris, negro y morado
- Galga de corte
- Tijeras
- *Bodger* (o ganchillo)
- Alfileres con cabeza de cristal
- Hilo resistente o hilo de yute
- Aguja para coser sacos

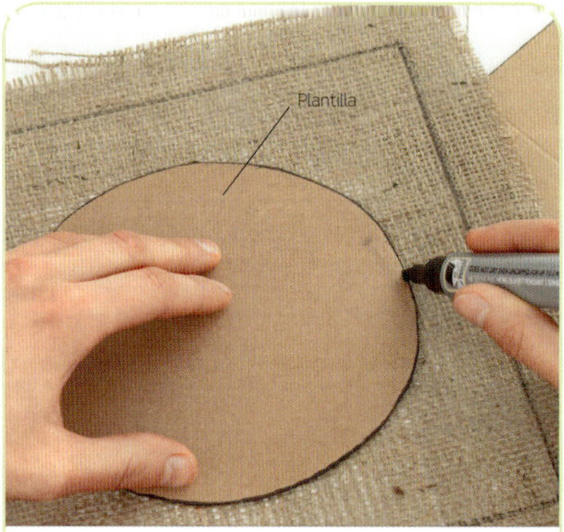

1 Con un rotulador, marque un cuadrado de 20 cm en cada pieza de arpillera. En el interior de cada cuadrado dibuje un círculo, un corazón o una flor sirviéndose de las plantillas de cartón. Puede crear dos cuadrados de cada diseño o variar los diseños en función de su gusto personal.

2 Prepare las telas: córtelas en tiras de 2 cm de ancho por 7,5 cm de largo. Siguiendo la **técnica de lazo cortado** (p. 33), use un *bodger* (o un ganchillo para alfombras) para crear el diseño de lazos cortados en cada cuadrado de arpillera.

3 Continúe del mismo modo, trabajando de cuadrado en cuadrado y utilizando tiras de colores distintos para hacer un bonito diseño, hasta haber completado los seis cuadrados, justo hasta los bordes marcados.

4 Una vez tenga listos todos los cuadrados, póngalos del revés y haga un dobladillo con la arpillera sin trabajar por los cuatro lados. Dóblelo formando un inglete limpio en las esquinas. Prenda el dobladillo con alfileres y cósalo con hilo resistente o hilo de yute.

5 Disponga los cuadrados boca abajo en un rectángulo de tres por dos y préndalos juntos por los bordes del dobladillo. Con hilo resistente o hilo de yute, cosa los cuadrados para componer la alfombra final.

Materiales naturales TÉCNICAS

Trabajar con hojas y frutos naturales brinda la excusa perfecta para salir a dar un paseo por el parque o el bosque más cercano, aunque también es posible que encuentre el material necesario en su jardín. Busque elementos que hayan caído de los árboles, como piñas y bellotas. Utilizar bayas o ramas de abeto frescas añade un delicioso aroma estacional, si bien también puede potenciar las fragancias naturales con unas gotas de aceite aromático.

Montar una base de corona

1 Deshoje dos ramas de vid de igual longitud. Átelas con un trocito de alambre fino.

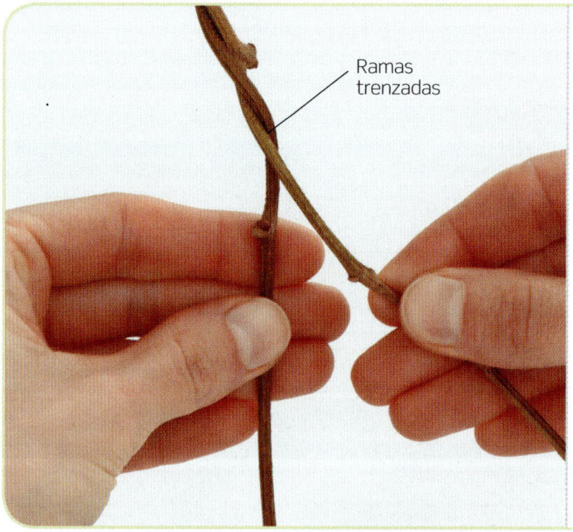

2 Trence las ramas para hacer con ellas una sola tira resistente. Átelas con alambre al terminar de trenzarlas.

3 Junte los dos extremos para formar un círculo. Enrolle los extremos entre sí y átelos con un trocito de alambre. Si las ramas son demasiado largas, solape los extremos; si son demasiado cortas, añádales otra trenza de ramas delgadas.

4 Para reforzar la estructura, añada más ramas de vid deshojadas. Ate con alambre un extremo al esqueleto de la corona, enrolle la vid a su alrededor y luego fije el extremo opuesto con alambre. Repita esta operación hasta tener una base sólida y resistente para la corona.

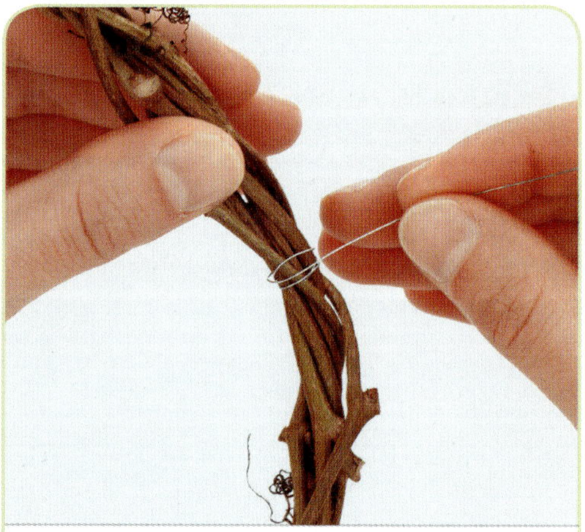

5 Para conseguir una forma regular y reforzar aún más la estructura, ate la base con trocitos de alambre repartidos a intervalos regulares.

Trabajar con hojas y frutos frescos

1 Asegúrese de que las ramas con hojas y frutos estén frescas, limpias y secas, y tengan un aspecto lozano. Evite utilizar materiales mohosos, porque el moho se podría propagar.

2 Con unas tijeras afiladas, corte las ramas al tamaño necesario. Si son gruesas, use unas tijeras de podar. Estas tijeras de jardinería permiten cortar ramas de hasta 2 cm de grosor.

Montar ramas

Utilice unas tijeras afiladas para cortar las ramas de abeto, pino o árboles similares en trozos de 4 cm de longitud. Sujete unas cuantas ramitas (unas cinco) y átelas por la base con un trozo de alambre.

Fijar hojas y frutos a la base de la corona

1 A la hora de fijar hojas y frutos o pequeños haces de abeto a la base de la corona, ate con un trozo de alambre la base del manojo a la estructura de la corona.

2 Utilice cola de contacto para pegar hojas y frutos secos, piñas y otros materiales a la corona. Ponga una gotita de pegamento en la base del objeto y presiónelo en su sitio.

Conservar las hojas y los frutos frescos

Las hojas y los frutos frescos deberían durar varias semanas, si bien se marchitarán rápidamente si se dejan a la intemperie. Humedézcalos con regularidad usando un vaporizador con agua para conservar su frescura.

Potenciar los aromas

Añada unas gotitas de aceite aromático a las hojas y frutos frescos o secos para realzar los aromas naturales.

Corona de hoja perenne PROYECTO

Esta es una manera fantástica de iniciarse en la floristería, pues le otorga la posibilidad de trabajar con hojas y frutos frescos y secos. En este caso, los manojos de abeto sirven de base para la corona y sobre ella se esparcen piñas, bellotas y bayas de colores para añadirle textura y color. También puede incorporar hojas y frutos secos para componer un diseño único con una fragancia sensacional.

NECESITARÁ

- Ramas delgadas de vid deshojadas
- Tijeras normales o tijeras de podar
- Alambre fino
- Hojas y frutos frescos (ramitas de abeto, mirto, bayas y hojas de eucalipto)
- Cinta métrica
- Hojas y frutos secos (piñas y bellotas)
- Cola de contacto
- 1 gancho o cinta para colgar la corona
- Aceite aromático (opcional)
- Vaporizador

1 Siga las indicaciones para **montar una base de corona** (p. 36) y cree una estructura circular de 30 cm de diámetro. Conseguirá una base sólida y resistente con unas seis vueltas de vid.

2 Siga las instrucciones para **montar ramas** (p. 37) y elabore entre 15 y 20 manojos. Átelos a la base con alambre, de modo que todos miren en la misma dirección; solape un manojo al siguiente para cubrir la base.

3 Corte el resto de las hojas y los frutos frescos a un tamaño adecuado y repártalos por la base. Pruebe el diseño hasta dar con el que le guste antes de fijar las hojas y frutos en su sitio. Use una cinta métrica para comprobar la separación entre las hojas y los frutos.

4 Clave en la base de la corona ramitas sueltas de hojas y frutos frescos entre los manojos de abeto. Ate otros manojos de hojas y frutos con trocitos de alambre y oculte el extremo del alambre entre las hojas de abeto.

5 Disponga las hojas y los frutos secos sobre la corona para hacerse una idea del diseño final y luego péguelos en su sitio.

6 Cuelgue la corona de un gancho o ate una cinta en la parte superior para colgarla. Puede perfumarla añadiendo unas gotitas de aceite aromático o dejarla tal cual. Rocíela con agua regularmente para mantenerla fresca.

Flores prensadas TÉCNICAS

Aprenda solo unos cuantos principios básicos y descubrirá que las flores prensadas son una delicia. Entre las flores que se prensan bien y conservan su color figuran las rosas, los botones de oro, las nomeolvides, las margaritas, las hortensias y las espuelas de caballero. Una vez adquiera experiencia, podrá prensar prácticamente cualquier planta, si bien prensar flores carnosas como las de sedum y los jacintos puede resultar un desafío.

Hacer una prensa para flores

NECESITARÁ

- 2 planchas de madera contrachapada de 15 x 20 cm
- 50 hojas de papel de periódico cortadas en trozos de 15 x 20 cm
- 4 trozos de cartón liso de 15 x 20 cm y 1,5 mm de grosor
- 3 gomas elásticas, 2 pinzas o 4 tornillos mariposa

1 Para montar la prensa, coloque una plancha de madera contrachapada sobre la superficie de trabajo y ponga encima diez hojas de papel de periódico. Cúbralas con una lámina de cartón. Repita las capas de papel de periódico y cartón hasta disponer de capas suficientes para las flores que desea prensar.

2 Coloque la otra plancha de madera contrachapada encima para completar la prensa. Sujétela con gomas elásticas, unas pinzas o unos tornillos mariposa. (En el caso de que utilice tornillos, deberá taladrar dos agujeros a cada lado de las planchas de madera para introducirlos.)

Prensar flores con otros objetos

También puede prensar flores entre papeles de seda en medio de las páginas de un libro grueso. Guarde el libro en un lugar cálido para asegurarse de que las flores se sequen en una o dos semanas. Existen otro tipo de prensas de flores (pp. 12-13).

Elegir flores y hojas

Prense únicamente flores en perfecto estado y asegúrese de prensar más de las que necesita, ya que, inevitablemente, algunos pétalos y hojas se estropearán cuando los manipule.

CONSERVAR FLORES Y HOJAS

Para garantizar que las flores se conservan en condiciones óptimas, recójalas un día seco y prénselas sin tardanza.

El calor y un bajo grado de humedad son esenciales para prensar flores. Estas condiciones eliminan rápidamente la humedad del material vegetal y mantienen vivos los colores.

Prensar flores y hojas

1 Coloque las flores y las hojas en la prensa, entre capas de papel de seda u otro papel absorbente suave y blanco, como papel secante. No use papel de cocina (los pétalos acabarán con puntitos marcados) ni papel de periódico (la tinta se transferirá a los pétalos y hojas). Coloque flores de un grosor similar en la misma lámina de la prensa. De este modo garantizará una presión homogénea durante el secado.

2 Las flores pequeñas pueden prensarse enteras. Las grandes, como algunas rosas, gerberas y peonías, deben prensarse pétalo por pétalo; una vez secas, tendrá que recomponerlas.

3 Las flores grandes, como las fresias, también pueden cortarse por la mitad antes de prensarse, de tal modo que se obtienen dos flores de una.

4 Retire las flores de la prensa con ayuda de unas pinzas tan pronto como se sequen. Si no tiene previsto utilizarlas de inmediato, guárdelas en posición horizontal y en un lugar seco, en sobres etiquetados.

Pegar flores y hojas a cartulina

Moje la punta de un mondadientes en un pegamento de base de caucho y aplique unas gotitas al envés de una flor u hoja antes de colocarla sobre la cartulina. Utilice solo el pegamento necesario para pegar la flor o la hoja en su sitio.

Rematar la labor

1 Puede enmarcar la composición floral tras un cristal o una lámina de acrílico; en el caso de que la utilice para hacer una joya, puede cubrirla con resina.

2 Para una tarjeta o un punto de libro lo mejor es usar plástico termoadhesivo especial para laminación, que puede retirarse varias veces. Una vez se tiene la composición perfecta, se calienta con una plancha para adherirlo. También puede utilizar vinilo transparente adhesivo, pero, una vez lo aplique, no podrá despegarlo.

Tarjeta de felicitación PROYECTO

A cualquier amigo o familiar le gusta recibir un regalo artesanal, y esta tarjeta de felicitación decorada con flores y hierba prensadas no es ninguna excepción. La tarjeta se lamina para evitar que las flores, hojas y tallos se deterioren al sacar la tarjeta del sobre.

NECESITARÁ

- Cartulina gruesa blanca o tarjeta de felicitación blanca de 30 x 40 cm
- Zarcillos prensados (de guisante, brionia o pasionaria)
- El tapón de una botella de leche o la tapa de un bote para poner el pegamento
- Pegamento de base de caucho
- Mondadientes
- 3 o 4 clases distintas de flores prensadas, como espuelas de caballero, botones de oro, potentilla
- Pinzas y tijeras pequeñas
- 2 tipos distintos de hojas prensadas, como las de pie de león y potentilla
- Briznas de hierba prensadas
- Vinilo autoadhesivo transparente o plástico termoadhesivo

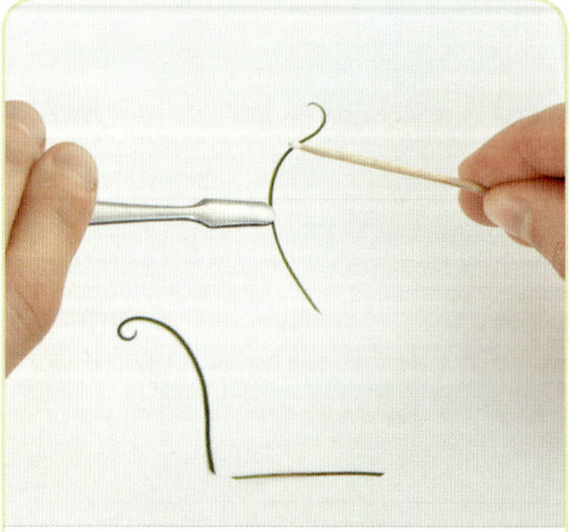

1 Doble la cartulina por la mitad y luego ábrala. Trabaje en la cara de la derecha de la cartulina. Utilice los zarcillos para componer las paredes y la base del jarrón. Con la punta de un mondadientes, aplique un poquito de pegamento a cada zarcillo y péguelos en su sitio.

2 Con unas pinzas, disponga las flores encima del jarrón, de modo que la flor de mayor tamaño quede nivelada con la boca del jarrón. Distribuya las flores hasta dar con una composición que le guste. Use algunas flores partidas o retoños para añadir interés a la composición y luego pegue todas las flores.

3 Inserte hojas en los huecos. Si son muy delgadas, puede meterlas bajo las flores. De otro modo, córtelas y colóquelas junto a las flores.

4 Corte unas briznas de hierba para crear tallos de distintas longitudes. Añada los zarcillos rizados de modo que los extremos más rectos parezcan adentrarse en el jarrón.

5 Utilice una brizna de hierba para crear la línea del agua y unas cuantas más para insinuar la presencia de una mesa. Reparta los pétalos deteriorados o cortados sobre la mesa.

6 Corte un trozo de vinilo algo más grande que la portada de la tarjeta. Retire el papel protector y extienda el vinilo sobre las flores; debe quedar bien adherido alrededor de los bordes del material vegetal.

7 Si utiliza plástico termoadhesivo, cúbralo con varias capas de tela de algodón y ponga encima una plancha a temperatura media unos 5 segundos: las pequeñas burbujas de aire desaparecerán al aplicar el calor necesario. No mueva la plancha durante este proceso. Recorte el borde de plástico que sobresalga.

Reciclaje TÉCNICAS

Los materiales naturales son baratos (a menudo, gratuitos) y pueden transformar accesorios y adornos para el hogar en bellos objetos de arte. Decore una caja con piñas, haga un bonito cuadro con conchas y madera flotante o cree un mosaico con objetos pequeños, como clavos de olor, semillas e incluso cáscara de huevo. Recuerde preparar bien los materiales naturales antes de utilizarlos, para que no huelan ni se enmohezcan con el tiempo.

Preparar materiales naturales

1 Lave bien las cáscaras de huevo y cuézalas unos minutos en agua hirviendo para esterilizarlas. Una vez frías, retire la membrana interior.

2 Remoje los objetos no porosos, como conchas y guijarros, en una solución suave de lejía o hiérvalos en agua para esterilizarlos y evitar la aparición de moho y malos olores.

3 Seque las piñas y otros objetos porosos extendiéndolos en una bandeja metálica forrada de papel siliconado. Hornéelos a temperatura baja unos 30 minutos.

Repujar metal reciclado

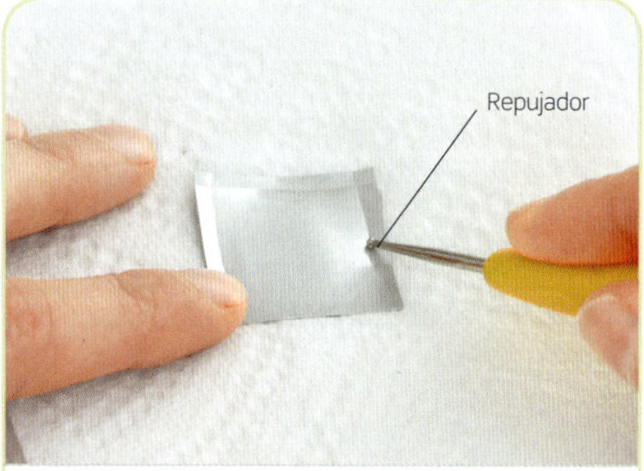

1 Disponga una pieza de aluminio recortada de una lata de refresco sobre una almohadilla hecha con papel de cocina. Use un repujador fino para dibujar líneas en la cara plateada del metal. Frote la punta del repujador en un bloque de cera de abejas para que le resulte más fácil dibujar.

2 Para crear un contraste en la textura, al tiempo que mantiene el metal plano, dele la vuelta a la pieza y dibuje por el reverso. Dibuje las líneas más gruesas del motivo a mano alzada con un repujador con punta de plástico.

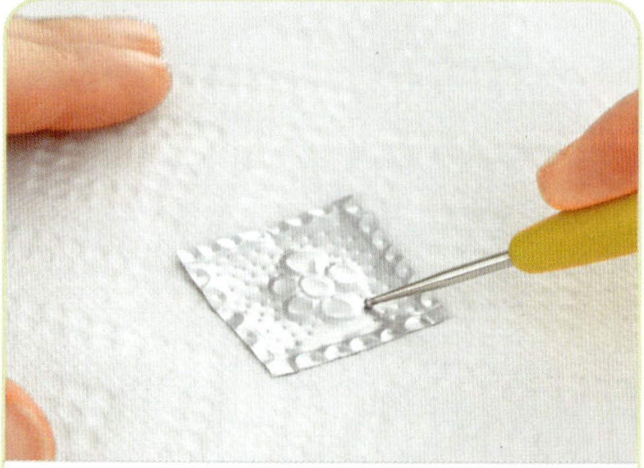

3 Voltee de nuevo el panel y acabe de conferirle textura por el anverso. Utilice una punta fina o media para añadir puntos alrededor del motivo. También puede añadir puntos o líneas adicionales en el margen para conseguir un efecto más decorativo.

Hacer un mosaico con cáscara de huevo

1 La cola blanca un poco aguada tarda más en secarse: úsela para adherir los trozos de cáscara de huevo. Coloque los trocitos con un mondadientes, espaciándolos de forma regular. Las cáscaras más bonitas pueden pegarse boca arriba; las de huevos morenos se pegan con la cara de color hacia abajo.

2 Pinte los trocitos de cáscara de huevo con pintura acrílica o acuarelas si le interesa obtener un color sólido o rebaje la pintura con agua para lograr un efecto moteado. Deje secar la pintura una hora antes de aplicar la lechada.

Aplicar la lechada a un mosaico de cáscara de huevo

1 Rellene los huecos entre los trozos de cáscara de huevo con lechada para crear una superficie lisa. Mezcle la lechada con un poco de agua hasta obtener la consistencia de una nata espesa (1 parte de agua por $2\frac{3}{4}$ partes de lechada). Con una cuchara, distribuya la lechada por la superficie.

2 Con una espátula, alise la lechada sobre el mosaico asegurándose de rellenar todos los espacios. Déjela secar unos minutos y luego retire con cuidado el máximo posible de lechada sobrante con la espátula.

3 Deje secar la lechada unos minutos y luego límpiela con una esponja humedecida. Vaya aclarando la esponja con agua a medida que avanza hasta que la superficie quede limpia y los espacios rellenos de lechada. Deje secar la lechada por completo y luego lustre suavemente la superficie con un paño suave.

Marco de mosaico PROYECTO

Este marco luce tan espectacular que casi nadie se dará cuenta de que está hecho con cáscara de huevo. Puede usar huevos de codorniz o incluso de pato de color azul cielo si los encuentra, pero pintar la cáscara de huevo con acuarela es bastante sencillo. Este proyecto es un modo perfecto de transformar un marco viejo. Pinte el marco de blanco antes de empezar para darle un acabado neutro.

NECESITARÁ

- Tijeras de manualidades puntiagudas
- Lata de refresco de aluminio
- Papel reciclado
- Lápiz
- Marco de fotografía liso pintado de blanco
- Papel de cocina
- Repujador
- Cola blanca fuerte o resina epóxica
- Pinceles finos y medios
- Cinta de carrocero
- Cáscaras de huevo
- Mondadientes
- Acuarela negra
- Lechada para mosaico
- Espátula
- Esponja
- Paño suave
- Barniz acrílico mate

1 Con unas tijeras, perfore con cuidado la lata de aluminio y recorte la base y la tapa. Practique un corte longitudinal a la lata para obtener un rectángulo. Haga una plantilla de papel que encaje en las esquinas del marco y utilícela para recortar cuatro cuadrados del rectángulo de aluminio.

2 Dibuje una cenefa en el lado plateado de los cuadrados metálicos. Consulte la plantilla de la p. 91 para dibujar un corazón y decorarlo con puntos. Dibuje unas líneas alrededor de la cenefa por el reverso, tanto a modo de decoración como para mantener el metal plano.

3 Use cola blanca fuerte o resina epóxica para pegar los cuadrados de aluminio a las esquinas del marco. Envuelva las esquinas con cinta de carrocero para sujetar en su sitio los cuadrados hasta que se seque el pegamento.

4 Prepare las cáscaras para cubrir el marco siguiendo las indicaciones para **preparar materiales naturales** (p. 44). Rompa las cáscaras en trocitos y péguelas al marco con cola blanca diluida con un poco de agua.

5 Una vez seco el pegamento, diluya con agua la acuarela negra y pinte los trocitos de cáscara para lograr un objeto moteado. Deje secar la pintura en torno a una hora.

6 Mezcle con agua un poco de lechada para mosaico, hasta obtener una pasta densa. Siga las instrucciones para **aplicar la lechada** (p. 45) al mosaico. Déjela secar por completo y luego lústrela con un paño suave. Dé una capa de barniz acrílico mate al mosaico como acabado final.

Pintura de muebles TÉCNICAS

Pintar muebles viejos es un excelente modo de renovarlos, además de aportarles un toque personal. Si es novato en la materia, conviene elegir un mueble liso y fácil para empezar y pintarlo con un diseño sencillo. Una vez domine las técnicas, podrá avanzar hacia una decoración más compleja.

Preparar el mueble

Si el mueble está barnizado, líjelo por fuera con un papel de lija de grano medio. La lija crea una superficie basta a la que la pintura se adhiere mejor. Pase un paño húmedo por el mueble para eliminar el polvo producido por el lijado.

Imprimar y pintar el mueble

1 Con una brocha grande y avanzando en la dirección de la veta de la madera, aplique dos capas de imprimación a la superficie externa del mueble. Use una brocha fina para las zonas de difícil acceso. Deje secar la imprimación seis horas y luego dé dos capas de esmalte sintético satinado a las zonas que no vaya a estarcir.

2 En las partes del mueble que sí estarcirá, como por ejemplo cajones o puertas, dé dos capas de pintura al agua mate sobre la imprimación. Ello le aportará una buena base para la decoración, que se protegerá con dos capas de barniz transparente una vez creado el diseño.

Hacer una plantilla

1 Busque inspiración en tanto en revistas de interiorismo, como en papeles pintados y telas estampadas. Además, puede encontrar una amplia variedad de libros con diseños libres de derechos, donde encontrará multitud de imágenes estimulantes.

2 Transfiera el diseño de su elección a una cartulina o cartón. Disponga el cartón sobre una almohadilla de corte y recorte el diseño con un escalpelo o un cúter. Es más sencillo mover la plantilla que el escalpelo. El marco vaciado que quedará servirá de plantilla.

Estarcir un diseño bicolor

1 Con cinta de carrocero, fije la plantilla a la zona del mueble que desea estarcir. Asegúrese de que el dibujo quede perfectamente centrado.

2 Proteja las zonas de la plantilla que se pintarán con el segundo color. Elija los colores que utilizará. Las pinturas acrílicas funcionan bien sobre madera y pueden mezclarse para crear cualquier color.

3 Moje la punta de un pincel para estarcir en la pintura, procurando que el pincel quede bastante seco. Primero dé una pincelada de prueba y, si le satisface, pinte la zona guiándose por la plantilla con movimientos ascendentes y descendentes, que ayudan a evitar que la pintura se cuele por debajo de la cartulina.

4 Una vez seco el primer color, retire la cinta adhesiva. Proteja la zona que ya ha estarcido y aplique el segundo color del mismo modo con un pincel limpio. Retire la cinta adhesiva.

Rayas y cuadros

1 Proteger zonas con cinta de carrocero es un método sencillo para crear rayas de contornos definidos. Marque las rayas con lápiz y regla, y cubra con cinta adhesiva la zona entre las marcas de lápiz. Péguela bien para evitar que la pintura se cuele por debajo. Aplique la pintura como se ha indicado arriba y déjela secar.

2 Para hacer cuadros, retire la cinta y aplique una segunda tanda de tiras de cinta perpendiculares a las líneas estarcidas. Aplique pintura entre las cintas utilizando un color distinto para generar un mayor contraste.

3 Una vez seca la pintura, retire con cuidado la cinta adhesiva para ver el dibujo a cuadros.

Mesita de noche PROYECTO

Transforme un mueble de madera liso en un objeto llamativo. Una capa de pintura y un diseño atractivo le otorgarán un toque personal. Para lograr un efecto moderno a la par que elegante, elija un color de fondo neutro y claro y un tono más oscuro para el dibujo. Añada unos tiradores nuevos a los cajones para completar su diseño.

NECESITARÁ

- Mesita de noche
- Destornillador
- Papel de lija de grano medio
- Paño
- Cinta de carrocero
- Imprimación
- Brocha para madera grande y mediana
- Esmalte sintético satinado de secado rápido
- Pintura al agua mate a conjunto con el esmalte satinado
- Papel de calco y lápiz
- Pinceles redondos de distintos tamaños
- Pinturas acrílicas o botes de muestra de pintura
- Barniz transparente de secado rápido

1 Retire los tiradores y extraiga los cajones. Lije ligeramente todas las superficies, incluidos los cajones, y luego limpie el polvo con un paño húmedo. Proteja con cinta de carrocero los laterales de los cajones para evitar mancharlos de pintura.

2 Con una brocha grande, aplique a la estructura y a los cajones una capa de imprimación; pinte en la dirección de la veta de la madera. Si la pintura no queda uniforme, dé una segunda capa. Deje secar la pintura dos horas antes de aplicar una nueva capa.

3 Dé dos capas de esmalte satinado a la estructura del mueble (no a los cajones), dejando que transcurran seis horas entre capa y capa. Aplique una capa de pintura al agua mate del mismo color que la pintura satinada a los frontales de los cajones.

4 Amplíe o reduzca en una fotocopiadora la plantilla de la p. 92 (o utilice su propio dibujo), de acuerdo con el tamaño de los cajones. Transfiera el dibujo a un papel de calco y luego repáselo con lápiz por el reverso. Pegue el papel de calco con cinta de carrocero a los frontales de los cajones, con la cara correcta del dibujo hacia dentro, y luego repase con lápiz las líneas para transferir el diseño a los cajones y a la estructura de la mesita. Retire el papel de calco.

5 Con pinceles redondos, pinte el dibujo en el frontal de los cajones, sin olvidar los tallos que sobresalen hacia el armazón de la mesita. Utilice pinturas acrílicas o botes de muestra de pintura al agua.

6 Con una brocha para madera mediana, aplique dos capas de barniz al frontal de los cajones para evitar desperfectos. Use un pincel redondo para barnizar los tallos pintados en el armazón. Coloque los nuevos tiradores.

Hojalata TÉCNICAS

La hojalata es un medio muy versátil: es resistente, duradero y puede decorarse con multitud de acabados. Puede conseguir láminas grandes y lisas de hojalata cortando latas de aceite de cocina y alisando el metal. Evite las pinturas con base acuosa, pues tienden a desconcharse. Si prefiere un acabado natural, una capa de barniz o de aceite danés protegerá la superficie.

Seleccionar y limpiar la lata

Elija una lata adecuada. Las latas de anilla, sobre todo las de maíz, son ideales dado que incorporan un forro blanco que refleja la luz, perfecto para hacer **farolillos** (pp. 54-55). Pero en realidad puede utilizar cualquier tipo de lata. Basta con retirar la etiqueta que la recubre y eliminar las manchas de pegamento con aguarrás.

Preparar la lata

Antes de perforar la lata, necesitará prepararla para que no se hunda y deforme. Rellénela de arena y aplane la arena con fuerza con los dedos. Luego vierta agua por encima hasta llegar al borde. Deje la lata en el congelador toda la noche.

Perforar la lata

1 Los clavos y puntas para carpintería están endurecidos y resultan ideales para perforar latas. Ponga la lata sobre un saco de arena protector. Para los agujeros grandes, primero clave un clavo pequeño y luego clave uno o más clavos más grandes en el mismo punto para ampliar el agujero.

2 Si el clavo se queda atascado en alguno de los agujeros, retírelo tirando de él con una mordaza de presión.

Hacer asas de alambre

1 Para incorporar un asa, perfore un par de orificios enfrentados a aproximadamente 1 cm del borde superior de la lata. Una vez haya vaciado la lata (abajo), corte un trozo de alambre de una percha metálica algo más largo que el asa definitiva.

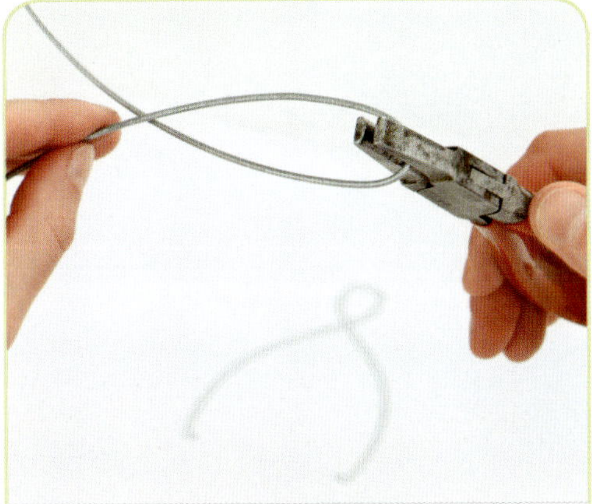

2 Con unos alicates para doblar alambre, haga una curva cerrada en la mitad del alambre de la percha. Con las manos, dé a los extremos del alambre forma curva, usando la plantilla de la p. 91 a modo de referencia.

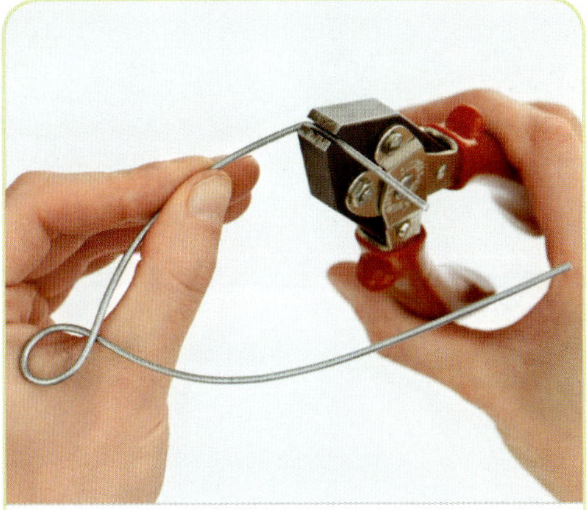

3 Doble los extremos del alambre en ángulo recto y, con un cortapernos, córtelos con una longitud de unos 3 mm. Apriete el asa para comprimirla e introduzca los extremos en los agujeros de la lata. El asa debe permanecer en su sitio por un movimiento de muelle natural.

Vaciar la lata

Cuando haya acabado de hacer agujeros, vacíe la lata metiéndola en un recipiente y vertiendo por encima agua hirviendo. Déjela reposar diez minutos para que el hielo se derrita y luego extraiga la arena y el agua. Aclare la lata y séquela.

Pintar la lata

1 Rellene la lata con papel de periódico para proteger el interior y recubra la superficie de trabajo con varias capas del mismo papel para que no se ensucie.

2 Pinte el exterior de la lata con un espray del color de su elección y déjela secar durante 24 horas. Si lo prefiere, puede aplicar con pincel una pintura para metal o darle una capa fina de pintura con base oleosa.

Farolillos con latas PROYECTO

¡Es sorprendente todo lo que puede hacer con basura! He aquí un modo fantástico de reciclar latas para hacer farolillos. En este proyecto hemos usado latas pequeñas, pero si utiliza latas más grandes, puede colocar dentro botes de cristal que protejan las velas del viento. Si no dispone de perchas de alambre, el alambre galvanizado de 2 mm de diámetro es un buen sustituto.

NECESITARÁ

- Latas
- Paño
- Aguarrás
- Arena
- Papel y lápiz
- Cinta de carrocero
- Bolsa de tela llena de arena
- Clavos o puntas
- Martillo
- Mordaza de presión pequeña
- Perchas de alambre
- Cortapernos pequeño
- Alicates para doblar alambre
- Papel de periódico
- Pintura en espray

1 Retire la etiqueta y limpie las manchas de pegamento de la lata. Llene la lata de arena, rellénela con agua y congélela durante la noche.

2 Dibuje su diseño en un trozo de papel del tamaño de la lata o fotocopie una de las plantillas de las pp. 90-91. Péguelo en su sitio. Si crea su propio diseño, asegúrese de que el espacio entre los agujeros sea al menos equivalente al diámetro de cada agujero.

3 Apoye la lata en el saco de arena y realice los agujeros. Guarde la lata en el congelador unos 30 minutos después de cada 10 minutos de trabajo para asegurarse de que se mantiene dura. Si tiene previsto hacer varios farolillos, trabájelos en rotación.

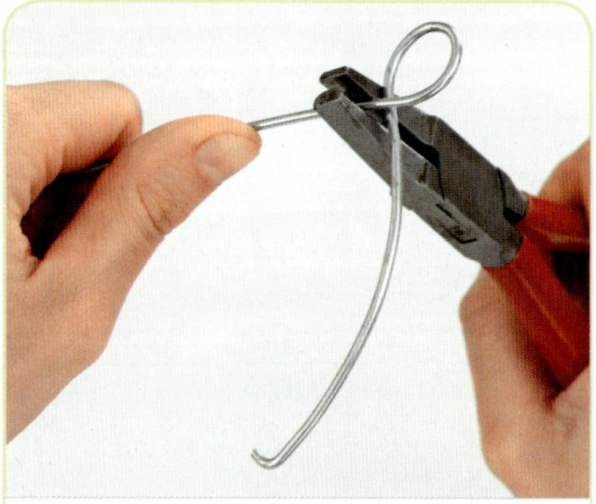

4 Una vez completado el diseño, haga dos agujeros enfrentados 1 cm por debajo del borde de la lata para insertar el asa. Extraiga la arena. Haga un asa con un trozo de alambre de 25 cm de longitud siguiendo las indicaciones para **hacer asas de alambre** (p. 53).

5 Rellene la lata con papel de periódico y píntela con espray de manera uniforme. Trabaje siempre en una zona bien ventilada o al aire libre. Una vez seca la lata, coloque el asa.

Alambre TÉCNICAS

Existen muchos tipos de alambre y con acabados de distintos colores. Use alambre de cobre si es principiante, pues es muy dúctil. El alambre de las perchas metálicas es ideal cuando se requiere una estructura resistente. Puede usar unos alicates corrientes para manipularlo, si bien los de boca serrada pueden dejar marcas en los metales más blandos, como el cobre y el aluminio.

Enderezar una percha de alambre

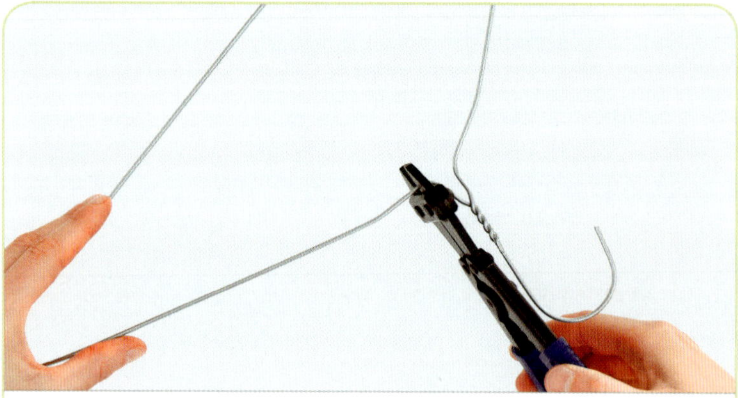

1 Corte el gancho y el extremo retorcido de la percha con un cortapernos pequeño.

2 Enderece el alambre restante; para enderezar los ángulos puede serle de utilidad una mordaza de presión.

Enderezar trozos de alambre

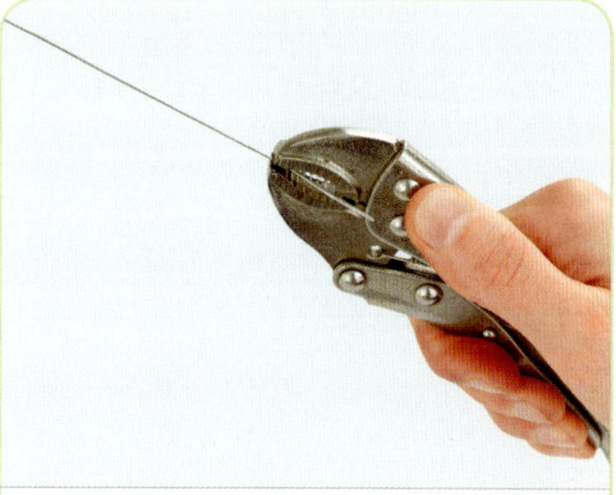

Para enderezar alambre dúctil, basta con estirarlo. Sujete un extremo a un punto fijo resistente (como la manecilla de una puerta) y sostenga con una mordaza de presión el extremo opuesto. Tire hasta que quede recto.

Atar alambres

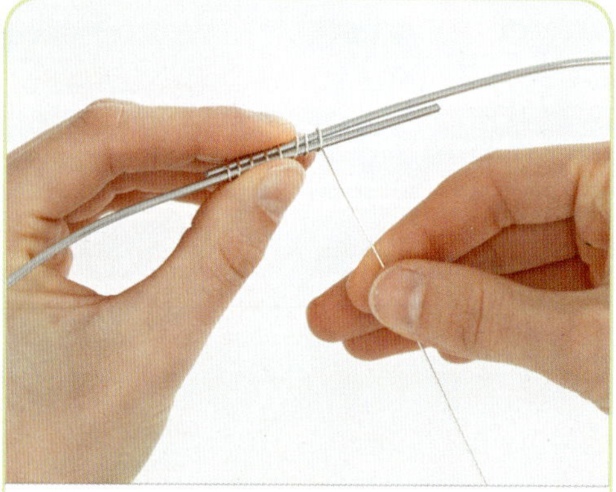

Para atar dos trozos de alambre, solape los extremos un mínimo de 5 cm y enróllelos con alambre de calibre medio hasta que queden bien juntos.

Moldear alambre

Las curvas suaves pueden moldearse a mano. Para hacerlas pronunciadas en un alambre de calibre grueso, use alicates para doblar alambre, pues no dejan marcas. Si se guía por una plantilla, téngala cerca para usarla como referencia.

Retorcer alambre

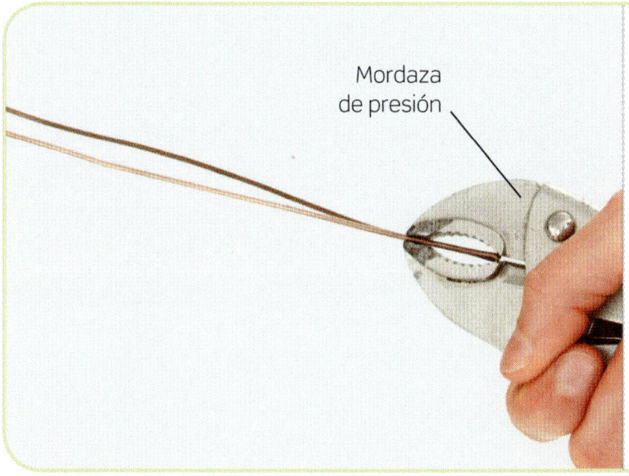

1 Doble un alambre justo por la mitad, engánchelo a un punto de sujeción resistente (como la manecilla de una puerta) y luego agarre ambos extremos con una mordaza de presión.

2 Tire del alambre para tensarlo y vaya girando la mordaza hasta retorcer todo el alambre de modo uniforme. Corte el alambre para soltarlo del punto de sujeción.

Unir alambres

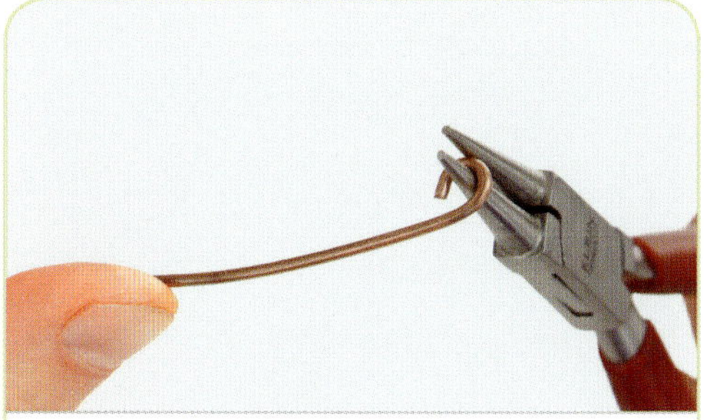

Si trabaja con alambre y se le rompe o se le acaba, una un trozo nuevo haciendo una pequeña arandela en un extremo de cada alambre con unos alicates de boca redonda. Inserte una arandela en la otra y ciérrelas con una mordaza de presión.

Enrollar alambre

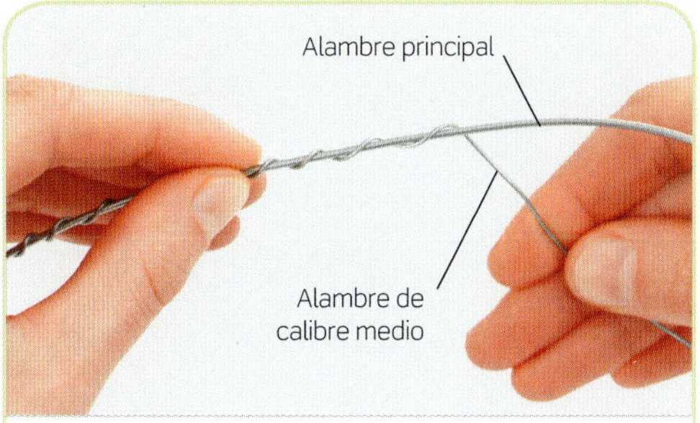

Corte un trozo de alambre de calibre medio con una longitud una vez y media superior a la del alambre principal. Enrolle el extremo del alambre de grosor medio alrededor de un extremo del alambre principal. Manténgalo estirado para enrollarlo tenso y con un espaciado regular.

Hacer una base circular

Doble un trozo de alambre para hacer un círculo. Solape los extremos 4 cm. Enróllelos con un trozo corto de alambre de calibre medio para mantener unida la estructura.

Hacer un tarro colgante

1 Corte un trozo de alambre de calibre medio de unos 55 cm y enróllelo una sola vez en torno al tarro por debajo de la boca. Retuerza el extremo alrededor del alambre para fijarlo.

2 Con el alambre libre haga un asa y luego pase el extremo por debajo del aro que rodea el tarro. Retuerza el extremo para fijarlo al aro. Corte el alambre de sobra.

Hacer un gancho doble

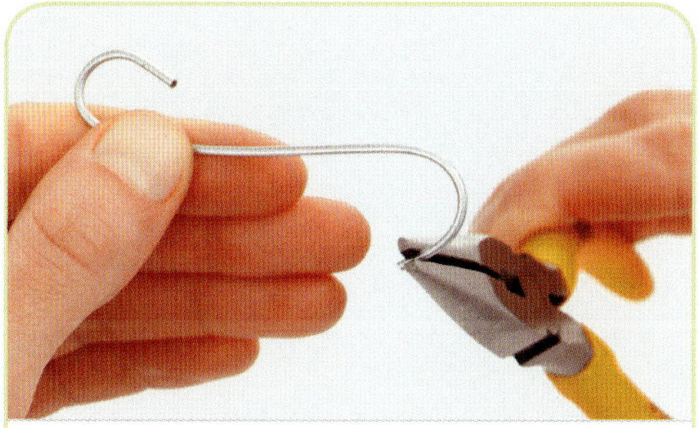

Para hacer un gancho doble, curve un extremo de un trozo de 10 cm de alambre de percha metálica hacia un lado con unos alicates y el otro extremo hacia el lado opuesto.

Corazón de alambre PROYECTO

Este corazón de alambre es perfecto como regalo para el Día de la Madre o para una buena amiga. Para hacerlo necesita una percha de alambre y un puñado de botones nacarados. Si no encuentra botones adecuados, sustitúyalos por cuentas.

NECESITARÁ

- Percha de alambre
- Cortapernos pequeño
- Mordaza de presión
- Alicates para doblar alambre
- Alambre bañado en plata de 0,4 mm de grosor
- Alicates para cortar alambre
- Cola de impacto
- Botones nacarados

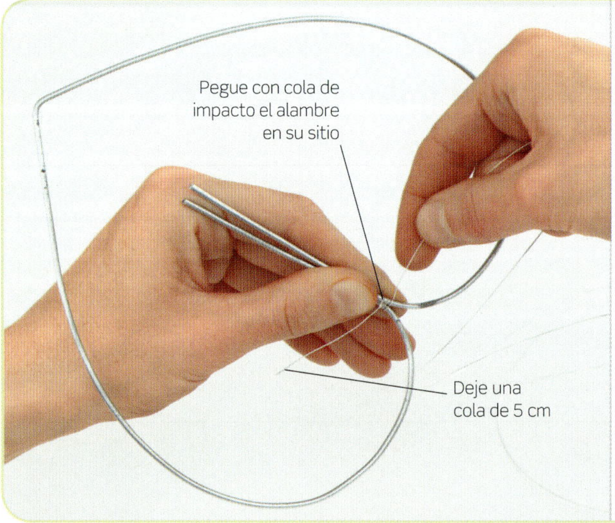

1 Corte el gancho de la percha y enderece el alambre. Siguiendo la plantilla de la p. 93, dóblelo con las manos o bien con unos alicates para doblar alambre. Corte un trozo de 2,5 m de alambre fino con unos alicates para cortar alambre. En la parte superior del corazón, donde se juntan las curvas, una los extremos con cuatro o cinco vueltas de alambre fino. Tense el alambre y deje una cola de unos 5 cm. Añada una gota de cola de impacto para fijar el alambre y déjelo secar.

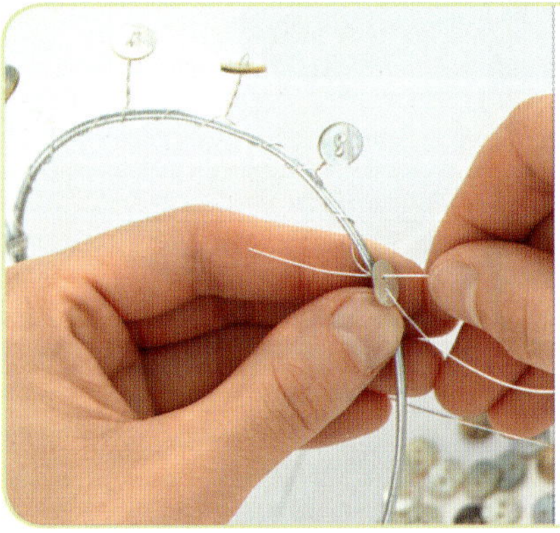

2 Con el extremo largo del alambre fino, dé dos vueltas holgadas a lo largo de unos 2 cm del corazón y luego tire del alambre y páselo hacia arriba a través de un agujero de un botón y de nuevo hacia abajo a través del otro agujero. Procure no retorcer el alambre al pasarlo por los botones.

3 Sostenga el botón a aproximadamente 1,5 cm del corazón y sujete los dos trozos de alambre fino donde se unen al corazón. Gire el botón para retorcer el alambre. Dé otras dos vueltas de alambre fino alrededor del corazón, añada un nuevo botón y repita todo el proceso.

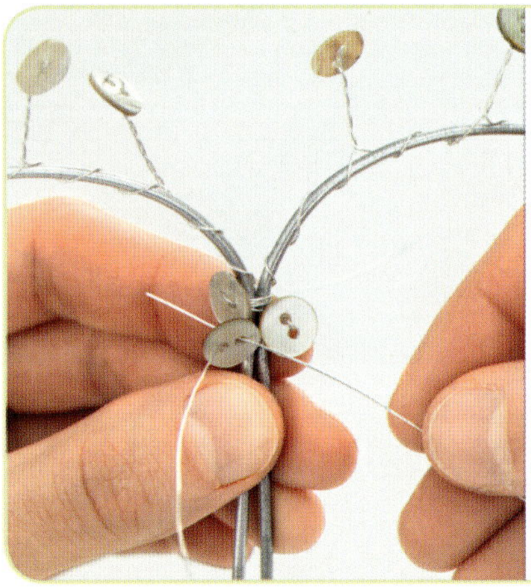

4 Tras añadir el último botón, dé un par de vueltas con el alambre fino para regresar al punto de partida. Pase luego el alambre a través de tres botones, añadiendo una vuelta en torno al alambre del corazón cada vez, y retuerza el extremo con la cola de 5 cm para rematar la labor. Recorte el alambre retorcido a 5 mm y fíjelo con una gotita de cola.

5 Corte un trozo de 30 cm de alambre fino, dóblelo por la mitad y retuérzalo, siguiendo las instrucciones para **retorcer alambre** (p. 57). Dele forma de lazo. Meta un extremo del lazo bajo el punto donde ha acoplado el primer botón al corazón y doble de nuevo los extremos sobre sí mismos. Recorte el alambre de sobra. Corte los extremos de la percha con un cortapernos.

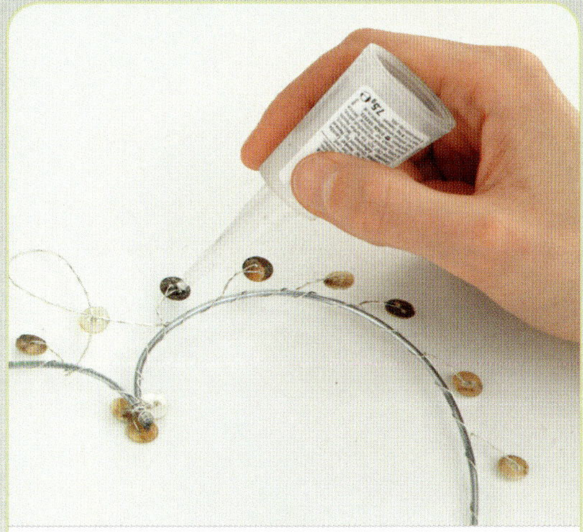

6 Fije el extremo opuesto del lazo al último botón acoplado al corazón, como en el paso 5. Añada un botón en la mitad del lazo ensartando un trozo corto de alambre fino a través del botón y fijándolo en su sitio retorciendo los extremos por la parte de atrás. Recorte las puntas. Ajuste los botones para que queden bien repartidos en torno al corazón. Añada una gota de cola de impacto al reverso de cada botón para fijarlo en su sitio.

Cómo hacer velas TÉCNICAS

Una vez domine las técnicas básicas para hacer velas, podrá crear una amplia variedad de ellas, desde velas de colores hasta otras aromatizadas, y de velas de inmersión a velas gruesas. Incluso puede interesarle experimentar y crear alguna forma novedosa.

Elegir un molde

Los moldes para velas son recipientes en los que se vierte la cera para crear la forma de la vela. Puede adquirir moldes profesionales, hechos de policarbonato, plástico, látex, metal y silicona, en comercios especializados, pero también sirven los moldes para hacer pasteles, chocolate y yogures, además de los contenedores de plástico para sopa.

Preparar un molde propio

1 Lave el recipiente de su elección y haga un pequeño agujero en la base con una broqueta metálica. Fije un trozo de pabilo, tal como se explica en **sujetar el pabilo al molde**, abajo.

2 Si utiliza un recipiente grande, como uno de helado, necesitará más de un pabilo, de modo que tendrá que hacer dos o tres agujeros a una distancia uniforme en el fondo del recipiente.

Sujetar el pabilo al molde

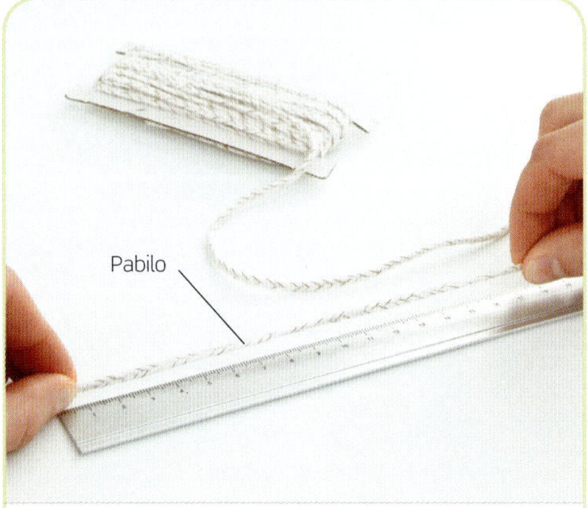

1 Corte un trozo de pabilo unos 10 cm más largo que la profundidad del molde y páselo a través del agujero de la base.

2 Ate un nudo en el pabilo por fuera del recipiente para evitar que se cuele hacia arriba.

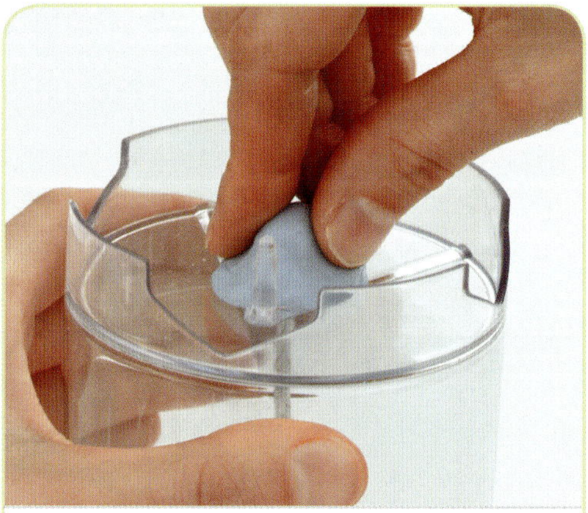

3 Selle, con Blu-Tack o arcilla de modelar, la cara inferior del agujero. Asegúrese de que el agujero esté completamente cubierto, sin huecos alrededor del pabilo; de lo contrario, se derramará la cera caliente.

Hacer un sujeta-pabilos

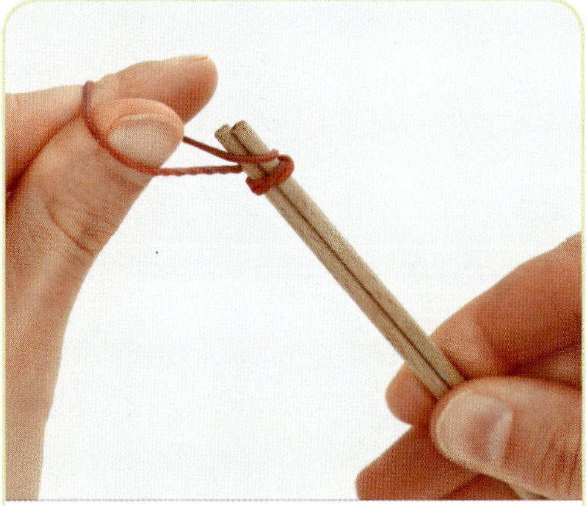

1 Los sujeta-pabilos mantienen el pabilo recto y tenso en el molde. Una los extremos de dos broquetas de madera con gomas elásticas.

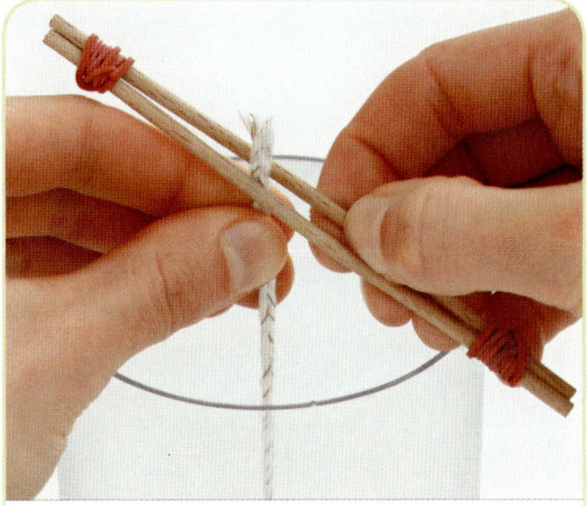

2 Inserte el pabilo entre las broquetas y tire de él con cuidado hasta que quede bastante tenso.

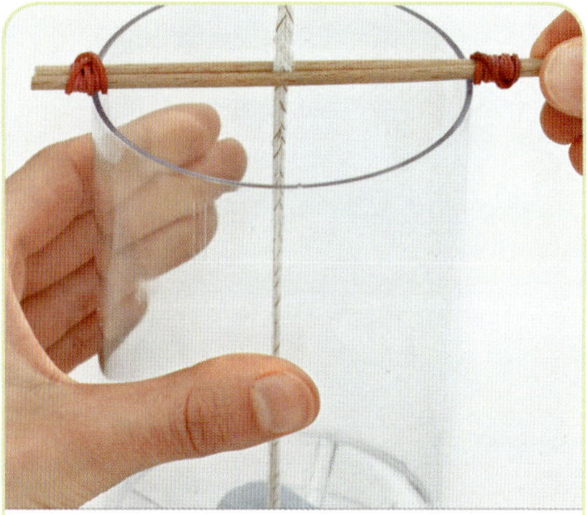

3 Apoye las broquetas en el borde del molde, asegurándose de que el pabilo esté tenso y centrado en el molde.

Preparar el pabilo

1 A la hora de hacer velas de inmersión (pp. 64–65) y velas enrolladas (pp. 70–71), el pabilo se deberá preparar (cubrirse de cera) primero con el fin de garantizar que las velas prendan con facilidad. Para ello, funda una pequeña cantidad de cera.

2 Sumerja todo el pabilo en la cera fundida: expulsará burbujitas al absorber la cera.

3 Al cabo de un minuto, o una vez que desaparezcan las burbujas, use un tenedor o una aguja para pabilos para retirar el pabilo del cazo. Sostenga el pabilo sobre el cazo para que el exceso de cera gotee dentro de este.

4 Deje secar el pabilo unos segundos y luego, mientras se enfría, estírelo por ambos extremos para enderezarlo.

Tipos de cera

Hay muchos tipos de cera. La mayoría de las velas comercializadas son de parafina. Sin embargo, existen algunas alternativas más respetuosas con el medio ambiente y con el hogar, pues producen menos hollín. Se trata de la cera de abejas y la cera de soja, ambas productos naturales que queman de manera más limpia. La cera de soja se vende en copos, fáciles de medir y de fundir. También es soluble en agua, lo cual facilita la tarea de limpiar las cacerolas y otros utensilios.

Calcular la cantidad de cera

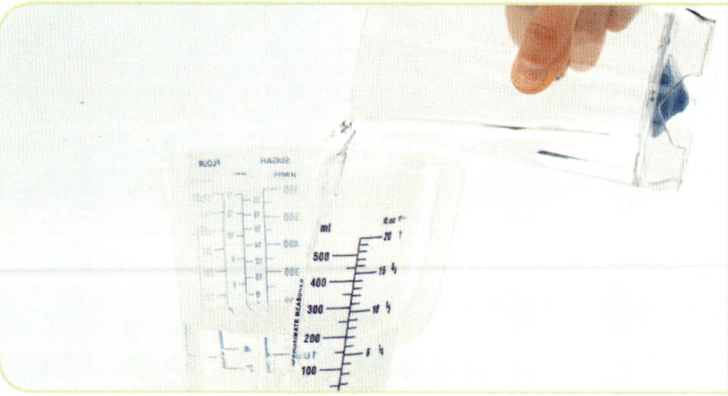

1 El modo más sencillo de determinar cuánta cera necesita es rellenar el molde con agua tras tapar el agujero de la base con Blu-Tack. Vierta el agua en una jarra medidora y anote la cantidad.

2 Convierta los mililitros a gramos (100 ml = 100 g). Puesto que la cera fundida pesa en torno a un 10% menos que el agua, reduzca la cantidad en gramos en un 10%; por tanto, para 100 g de agua necesitará 100 g x 0,9 = 90 g de cera.

Gramos de agua	Gramos de cera en copos
100	90
200	180
300	270
400	360
500	450
600	540
700	630
800	720
900	810
1.000	900

Fundir la cera con una cacerola para baño María

Llene un tercio del recipiente inferior de una cacerola para baño María con agua y coloque el cazo más grande encima. Lleve el agua al punto de ebullición, eche la cera al cazo de arriba y fúndala, removiéndola de vez en cuando con una cuchara metálica. Como guía aproximada, la cera de abejas se funde a 62 °C y la cera de soja en torno a los 68 °C. Consulte las instrucciones completas en las pautas del fabricante.

Fundir la cera con otros utensilios

En vez de una cacerola para baño María, puede usar un cazo grande con algo de agua y colocar un cuenco refractario encima. Hay calentadores de cera eléctricos y, para pequeñas cantidades de cera, use un aparato eléctrico para hacer *fondue* de chocolate.

¡PRECAUCIÓN!

No deje nunca la cera desatendida mientras la caliente y no permita que la temperatura supere los 93 °C.

Añadir colorante

1 El modo más sencillo de colorear las velas es usar colorante para velas, disponible en líquido o en sólido. La cantidad necesaria depende del tamaño de la vela y de la intensidad de color requerida. Como regla general, 1 g de colorante sirve para teñir unos 100 g de cera, pero experimente primero.

2 Una vez fundidos por completo los copos de cera, apague el fuego y añada el colorante. Remueva bien, sobre todo si lo utiliza en trocitos, en lugar de líquido. Recuerde que el color quedará mucho más claro una vez se seque la cera.

3 Si busca un color concreto, pruebe a verter unas gotas de cera teñida en un plato y espere a que se solidifique. Si el color es demasiado claro, añada más colorante; si es demasiado oscuro, añada más cera en copos.

Medir los aromatizantes

1 El proveedor suele especificar la cantidad de aromatizante necesaria, pero, si utiliza aceites sintéticos, deberá utilizar entre un 5 y un 10% del peso de la cera. Para los aceites esenciales, la cifra se sitúa en torno a un 5%. Necesitará experimentar y hacer una prueba de encendido de sus velas para comprobar si desprenden bien la fragancia.

2 Añada los aceites aromáticos a la cera caliente justo antes de verterla. Remueva bien, pero con delicadeza y evitando que se formen burbujas de aire.

LA SEGURIDAD, MÁXIMA PRIORIDAD

Coloque las velas en una superficie refractaria.

Prenda las velas en una estancia bien ventilada.

Apague las velas cuando queden solo 5 mm de cera.

Nunca deje velas prendidas desatendidas.

Mantenga las velas alejadas de bebidas alcohólicas y productos inflamables.

Mantenga las velas fuera del alcance de niños y mascotas.

Guarde las velas protegidas del sol y del calor directo.

Velas de inmersión PROYECTO

Las velas de inmersión son velas tradicionales cuya elaboración tiene siglos de tradición. El concepto es muy sencillo (aunque requiere un poco de práctica y paciencia) e implica ir añadiendo finas capas de cera alrededor de un pabilo. En este proyecto hemos creado un par de velas.

NECESITARÁ

- Pabilo trenzado plano
- Tijeras
- Trébede metálica
- Olla honda
- Bote de inmersión metálico
- Cera de soja en copos suficiente para llenar el bote metálico
- Termómetro de cocina
- Colorante para cera
- Cuchara metálica o mezclador
- Guantes de cocina
- Esterilla refractaria
- Tenacillas de corte

1 En este proyecto se fabrican dos velas, de manera que corte pabilo suficiente para la longitud de vela que desea producir (dos veces), más 10 cm adicionales. Así, pues, si su bote mide 20 cm de alto, la longitud del pabilo debería ser de 50 cm.

2 Con la trébede en la olla, llene esta dos tercios con agua y llévela al punto de ebullición. Introduzca el bote de inmersión en la olla y llénelo tres cuartos con copos de cera. A medida que la cera se funda, vaya añadiendo más copos, hasta que llene el bote en un 90%. Cuando la cera alcance los 70 °C, apague el fuego. Eche el colorante y remueva hasta que se disuelva.

3 Con unos guantes de cocina, saque el bote de la olla y colóquelo sobre la esterilla. También puede dejar el bote en la olla, ya que ayuda a mantener la temperatura de la cera.

4 Sosteniendo el pabilo por la mitad, sumérjalo en la cera 30 segundos; luego sáquelo y deje que la cera gotee en el bote. Tense el pabilo con los dedos y déjelo enfriar 3 minutos.

5 Sumerja de nuevo el pabilo en el bote otros 15 segundos y sáquelo. Tense el pabilo mientras se seca. Cuando haya repetido esta operación varias veces, el pabilo estará más rígido y ya no necesitará sostenerlo tensado. Mientras las sumerge, no deje que las velas se toquen entre sí.

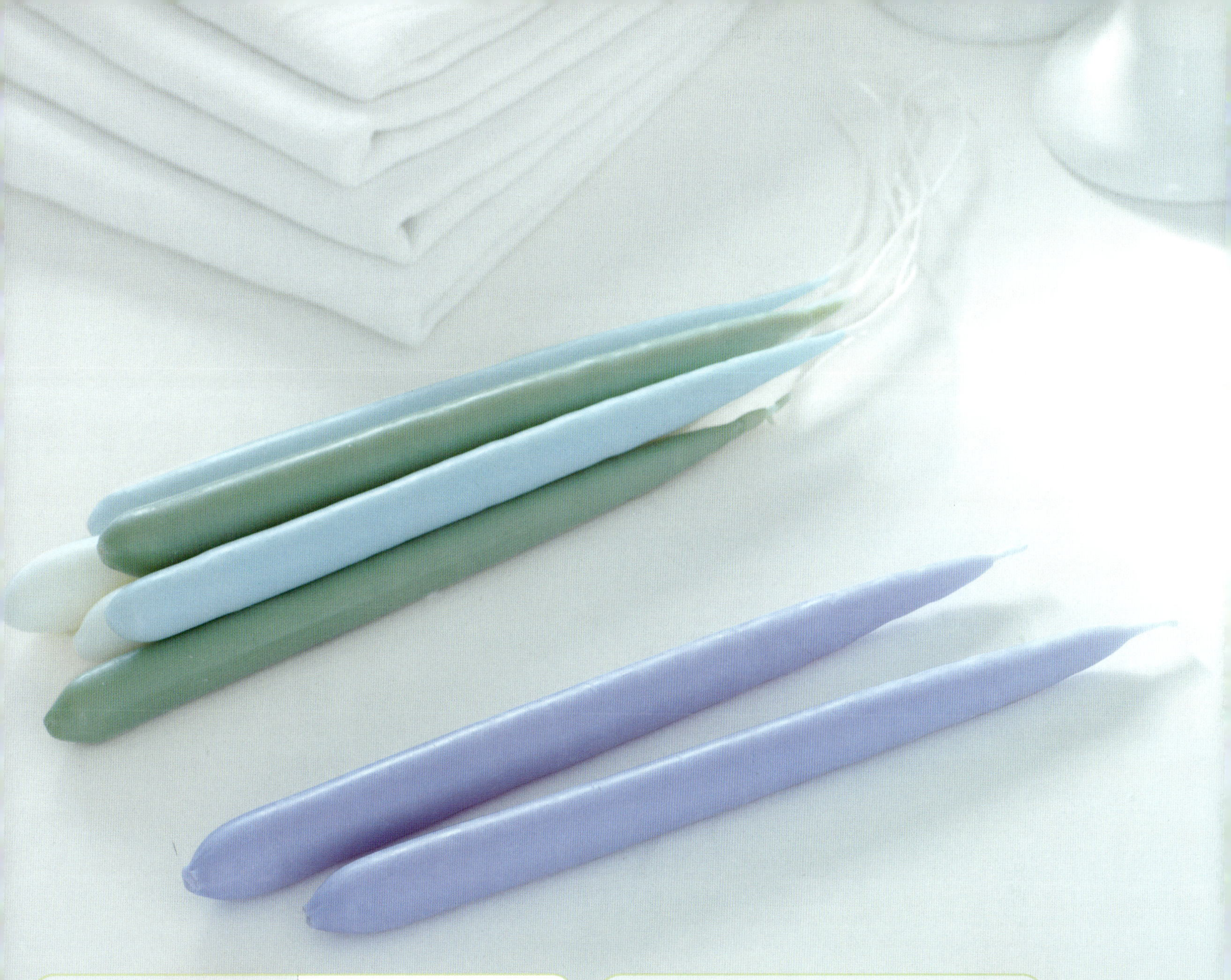

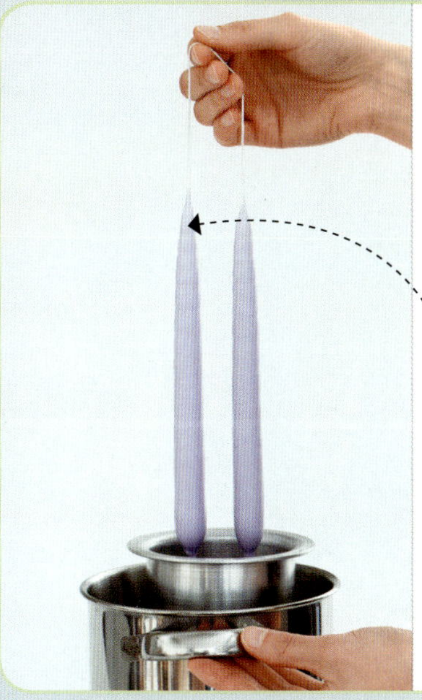

6 Si tiene previsto hacer más de un par de velas, mientras deja secar el primero sumerja el segundo. Continúe sumergiendo las velas y dejándolas secar hasta lograr el grosor deseado (entre 30 y 40 inmersiones).

7 Si la temperatura baja por debajo de los 55 °C, devuelva el bote de inmersión a la olla y vuelva a subir la temperatura a 70 °C. A medida que avance, necesitará añadir más cera y colorante al bote de inmersión para mantener el nivel de cera.

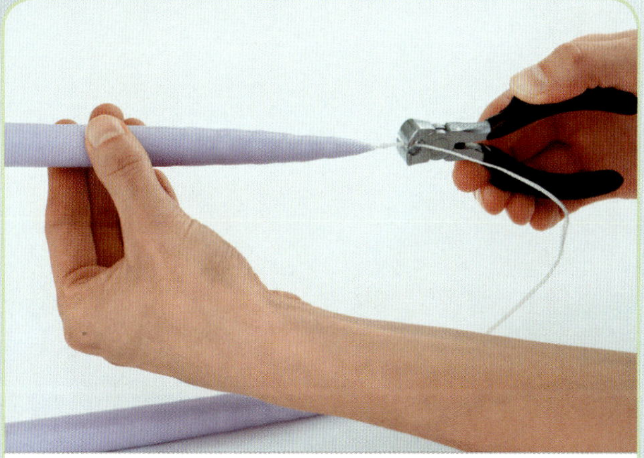

8 Cuelgue las velas para que se sequen. Luego, corte el pabilo con unas tenacillas de corte aproximadamente 1 cm por encima de la punta de las velas y aguarde 24 horas antes de prenderlas.

Vela tricolor PROYECTO

Puede crear velas gruesas en multitud de colores y moldes; para este proyecto hemos utilizado tres tonos de azul y un molde de policarbonato. También puede adquirir moldes de látex, metal o silicona, o bien hacerse el suyo propio (p. 60).

NECESITARÁ

- Cacerola para baño María
- Cera de soja en copos
- Termómetro de cocina
- Cuchara metálica
- Pabilo
- Tijeras
- Molde para velas
- Blu-Tack o arcilla de modelar
- 2 broquetas de madera
- 2 gomas elásticas pequeñas
- Jarra metálica
- Colorante para cera
- Aceite aromático
- Tenacillas de corte

1 Llene con agua un tercio del cazo inferior de una cacerola para baño María y coloque el otro cazo encima. Lleve el agua al punto de ebullición y añada los copos de cera de soja al cazo de arriba. (Para calcular la cantidad de cera que necesita para el molde, consulte la p. 62, **calcular la cera**.) Caliente la cera a 70 °C y remuévala de vez en cuando con una cuchara metálica.

2 Mientras la cera se calienta, corte un pabilo unos 10 cm más largo que la longitud del molde y páselo a través del agujero de la base de este.

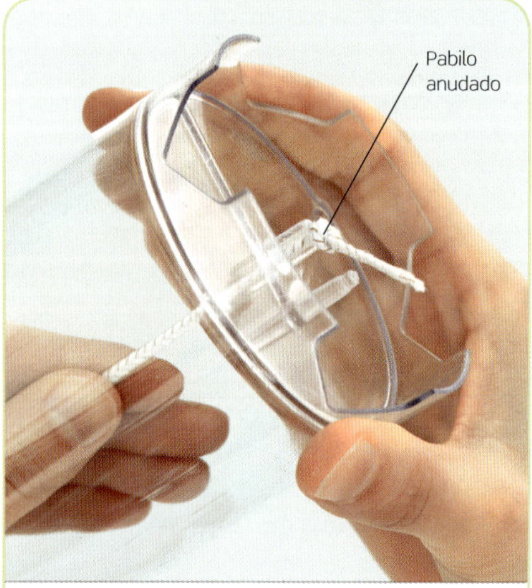

3 Ate un nudo en el extremo exterior del pabilo para evitar que se cuele hacia el interior del molde.

4 Selle el agujero con Blu-Tack o arcilla de modelar, asegurándose de que no queden huecos, o la cera podría colarse por ellos.

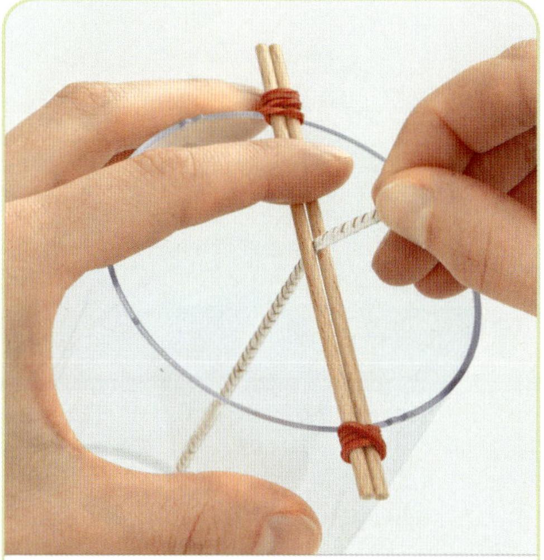

5 Asegure los extremos de dos broquetas de madera con gomas elásticas para fabricar un sujeta-pabilos. Inserte el pabilo entre las broquetas y tire de él hasta que esté tenso. Apoye las broquetas en el borde del molde; asegúrese de que el pabilo quede centrado.

6 Una vez la cera haya alcanzado los 70 °C y se haya fundido, viértala en una jarra metálica. Esta vela tiene tres capas de color, la superior azul claro, la del centro azul algo más oscuro y, por último, la inferior azul más oscuro todavía.

7 Empiece por el color más claro. Determine cuánto colorante necesitará para este color (consulte **añadir colorante** en la p. 63). Remueva para mezclar bien el colorante con la cera fundida: la primera capa formará la parte superior de la vela.

8 Una vez el colorante se haya disuelto por completo, añada el aceite aromático (consulte **medir los aromatizantes** en la p. 63) y vuelva a remover.

9 Vierta poco a poco la cera en el molde hasta llenarlo en un tercio. Dele unos golpecitos al molde con una cuchara para hacer aflorar las posibles burbujas de aire. Asegúrese de que el pabilo quede centrado. Vierta el resto de la cera de nuevo en la cacerola para baño María.

10 Una vez la cera del molde se haya aposentado y esté dura al tacto, caliente el segundo lote de cera en la cacerola para baño María, transfiérala a la jarra, eche la cantidad de colorante necesaria para el siguiente color y remueva bien. Una vez disuelto el colorante, vierta esta segunda capa de cera en el molde hasta llenarlo en unos dos tercios. De nuevo, dele golpecitos al molde para deshacer las posibles burbujas de aire y asegúrese de que el pabilo esté centrado. Vierta el resto de cera en la cacerola para baño María. Deje que se enfríe y solidifique durante una hora.

11 Caliente la última parte de cera. Transfiera la cera a la jarra, eche el colorante para el color más intenso y remueva bien. Vierta la cera en el molde, dejando un hueco de 1 cm por encima. Guarde un poco de cera en la jarra. Dele golpes al molde para liberar las posibles burbujas de aire y compruebe que el pabilo esté centrado.

12 Deje que la vela se enfríe durante toda la noche. Al día siguiente se dará cuenta de que la capa superior de la cera se ha hundido y es ligeramente cóncava. Caliente la cera reservada y viértala en la pequeña hendidura (no rellene más el molde o caerá una línea de cera en torno a la vela). Deje la vela en el molde dos horas.

13 Cuando la vela se haya solidificado por completo, dé vuelta al molde, de manera que el Blu-Tack o la arcilla de modelar queden arriba. Retire el Blu-Tack.

14 Desate el nudo del pabilo o córtelo con unas tenacillas de corte.

15 Desmolde la vela (se habrá encogido ligeramente, así que se deslizará fácilmente).

ELIMINAR LAS LÍNEAS DE CERA

Si sin darse cuenta ha dejado que una capa de cera se solidificara demasiado antes de verter la siguiente, acabará teniendo unas rayas alrededor de la vela. Esto se produce porque la vela se encoge ligeramente de diámetro al enfriarse, de modo que, cuando se vierte la siguiente tanda de cera, una pequeña cantidad de esta se cuela por el hueco creado por este encogimiento. Así se crea una línea que sobresale un poco. Si esto ocurre, frote la vela con un par de medias viejas una vez esté completamente fría y la línea desaparecerá. Las medias pulirán la vela simultáneamente.

Velas de miel PROYECTO

Puede adquirir cera de abejas en láminas en multitud de colores, desde cera de abejas natural hasta todos los colores del arco iris. Antes de comenzar, compruebe que la cera esté a temperatura ambiente para poderla moldear. Si necesita calentarla, utilice un secador de pelo (cuidado con no fundirla) o coloque la cera cerca de un radiador unos minutos.

NECESITARÁ

- Cera de abejas en láminas
- Alfombrilla de corte
- Cúter
- Regla metálica
- Pabilo trenzado cuadrado preparado (p. 61)
- Tijeras

1 Para hacer una vela enrollada recta, coloque una lámina de cera de abejas sobre la alfombrilla de corte y, con un cúter y una regla, córtela a 20 x 14 cm.

2 Corte un trozo de 22 cm de pabilo preparado. Coloque el pabilo a 5 mm del borde largo de la lámina de cera y doble con mucho cuidado el borde por encima para cubrir el pabilo.

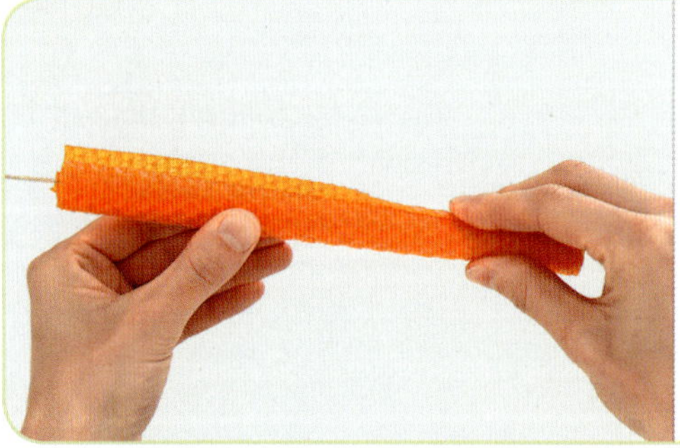

3 Comience a enrollar la lámina de manera uniforme. Siga enrollándola hasta llegar al final. Presione el borde para que no se desenrosque.

4 Para fabricar una vela ahusada, con la ayuda del cúter y la regla, corte una lámina de forma triangular y de 20 x 20 x 28 cm sobre la alfombrilla de corte.

5 Ponga un trozo de pabilo preparado de 22 cm de largo a 5 mm de uno de los bordes cortos y enrolle la lámina tal como se indica en los pasos 2 y 3. Presione el final para que no se desenrolle.

6 Para hacer una vela ahusada doble, corte con ayuda de la regla y el cúter dos láminas triangulares de 20 x 20 x 28 cm sobre la alfombrilla de corte. Coloque un triángulo directamente encima del otro y luego siga el paso 5.

Cómo hacer jabón TÉCNICAS

La técnica básica para hacer jabón consiste en fundir una base de jabón y remodelarla en barras o bloques añadiendo sus propios aromas, colores y elementos decorativos. Una vez domine lo básico, podrá diversificarse y crear jabones muy decorativos usando técnicas para formar capas e incrustar figuras. El único límite lo pone su imaginación.

Preparar la base de jabón

1 Pese en una báscula la cantidad de base de jabón necesaria para llenar sus moldes, más un poco para las sobras. Las barras medianas suelen requerir entre 80 y 100 g de jabón. Si no está seguro de cuánto jabón necesita para el molde, pruebe a cortar un bloque para meterlo dentro.

2 Utilice un cuchillo afilado para cortar el jabón en trozos de 2,5 cm. Por regla general, cuanto más pequeños y regulares sean los trozos, más rápida y uniformemente se fundirá el jabón.

Fundir la base de jabón

1 Para fundir jabón al fuego, póngalo en un cuenco refractario al baño María hasta que el jabón quede completamente líquido. Remuévalo de vez en cuando, procurando que no se formen burbujas.

2 Puede fundir tacos de jabón pequeños en el microondas; coloque el jabón en un cuenco para microondas y caliéntelo a toda potencia en series de 10 segundos hasta que esté completamente líquido. No lo sobrecaliente ni lo hierva. Basta con que se caliente lo suficiente para fundirse.

Colorear el jabón

1 Añada los colorantes y pigmentos líquidos al jabón en pequeñas cantidades. Utilice la punta de un mondadientes para añadir el colorante gota a gota.

2 Si el color no es lo bastante intenso, añada un poco más de colorante y remueva hasta que se mezcle por completo en el jabón fundido.

3 Añada pigmento en polvo a una pequeña cantidad de jabón fundido y remueva para disolverlo. Luego incorpore la mezcla al resto del jabón fundido, poco a poco.

4 Si prefiere colores intensos, combine una base de jabón transparente con pigmento o colorantes líquidos. Para tonos más planos y pálidos, utilice una base de jabón opaca con colorantes líquidos o en polvo.

Perfumar el jabón

1 Añada los aceites esenciales y aromáticos al jabón justo antes de moldearlo para minimizar la evaporación por calor. Para los jabones pequeños, añada el aceite gota a gota hasta lograr el olor deseado.

2 Para las pastillas más grandes, mida el aromatizante en una jarra medidora. La cantidad de aromatizante debe corresponder a un 2 o 3% del peso total del jabón o entre 10 y 15 ml por cada 500 g de jabón.

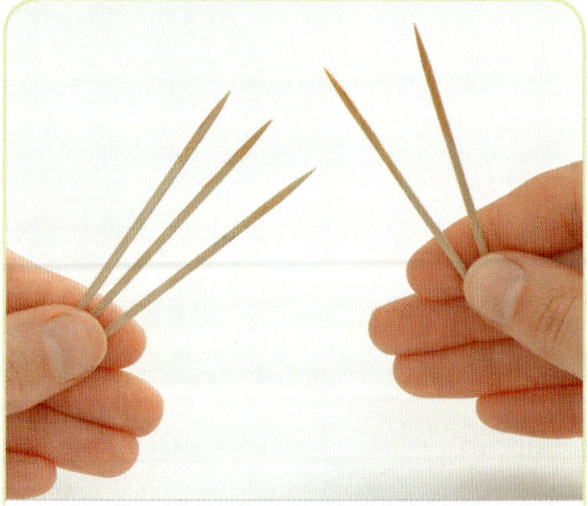

3 A la hora de mezclar aromas, experimente con notas de cabeza, medias o de base. Pruebe mezclas de olores metiendo distintas combinaciones de mondadientes impregnados de aromas en una bolsa con cierre hermético.

Aromatizar con ingredientes naturales

1 Para conferir una suntuosa textura cremosa a un jabón opaco, incorpore una pequeña cantidad de un aceite hidratante sólido como la manteca de karité mientras funde el jabón. No supere los 5 g por cada 100 g de jabón.

2 Si le interesa hacer un jabón exfoliante, añada un puñado de avena molida fina al jabón fundido antes de moldearlo. También puede emplear pétalos secos de caléndula o cártamo para conseguir una textura colorida y moteada.

3 Para dar un toque decorativo a la pastilla, coloque rodajitas de cítricos secos en la base del molde y adhiéralas vertiendo una capa muy fina de jabón por encima. Al cabo de uno o dos minutos, pulverice alcohol de farmacia de 96° por encima y luego vierta el resto del jabón.

Moldear y conservar jabón

1 Una vez haya dispuesto todos los elementos adicionales, vierta con cuidado el jabón en los moldes. Al hacerlo suelen aflorar burbujas a la superficie; puede disolverlas pulverizando de inmediato alcohol de farmacia de 96° sobre el jabón. Déjelo reposar.

2 Tras varias horas, dele la vuelta al molde y doble las esquinas para desmoldar el jabón. Si se resiste a salir, métalo en el congelador 15 minutos e inténtelo de nuevo. Una vez desmoldados los bloques, córtelos en pastillas con un cuchillo o una rasqueta metálica.

3 Si el jabón no es para uso inmediato, envuélvalo en film transparente para evitar que su elevado contenido en glicerina atraiga la humedad ambiente y «sude».

Formar capas e incrustar figuras

1 Es posible crear pastillas de jabón con distintos colores o aromas vertiéndolos en capas separadas. Rocíe la superficie del jabón con alcohol de farmacia justo después de verterlo y déjelo solidificarse. Vuelva a rociarlo antes de verter la capa siguiente.

2 Otra técnica popular consiste en incrustar trocitos de jabón de color contrastante en el centro de las pastillas de jabón. Pueden ser desde formas sencillas cortadas a mano hasta piezas centrales decorativas creadas con moldes de chocolate o de galletas.

3 Para crear la pastilla final, refrigere las piezas centrales en el congelador durante al menos 30 minutos y luego proceda a añadir las capas del jabón, colocando las piezas centrales en la capa intermedia. Rocíe cada capa con alcohol de farmacia de 96° justo antes de verter la siguiente.

Pastilla de jabón vegetal PROYECTO

¿Alguna vez ha deambulado por un mercadillo o feria artesanal y admirado el despliegue de jabones naturales de aspecto rústico a la venta? Usted también puede producir su propio bloque de jabón de lavanda calmante y cortarlo en pastillas para compartirlo con sus amistades. Puede aplicar el mismo concepto a una amplia variedad de hierbas secas, pétalos de flores y aceites esenciales.

NECESITARÁ

- Capullos de lavanda secos (una taza)
- Mortero o robot de cocina
- 650 g de base de jabón de leche de cabra cortada en trocitos
- Cuenco refractario
- Cazo
- Cuchara metálica
- Jarra medidora pequeña
- 15 ml de aceite esencial de lavanda
- Recipiente de plástico de unos 12,5 x 18 cm
- Cuchillo o rasqueta metálica

1 Reparta los capullos de lavanda en dos porciones iguales. Machaque una de las porciones en un mortero o tritúrela con un robot de cocina y resérvela.

2 Meta el jabón en un cuenco refractario y póngalo sobre un cazo con agua hirviendo. Mantenga el agua a fuego bajo, removiendo de vez en cuando con una cuchara metálica hasta que se funda. Retire el cuenco del fuego.

3 Añada el aceite esencial de lavanda y la lavanda triturada y remueva sin cesar durante 1 o 2 minutos; de este modo, la lavanda quedará suspendida de manera uniforme en el jabón. Deje que el jabón se enfríe ligeramente, sin llegar a solidificarse.

4 Vierta la mezcla en el recipiente. Antes de que se forme una costra encima, espolvoree rápidamente los capullos de lavanda por encima y presiónelos con mucha delicadeza con los dedos para que se adhieran a la superficie.

5 Deje que el jabón se solidifique durante varias horas antes de desmoldarlo y cortarlo en pastillas pequeñas con ayuda de un cuchillo o de una rasqueta metálica.

Rosas de jabón PROYECTO

He aquí un ramo de rosas de jabón que dará a su baño un delicioso perfume floral. El aceite esencial puro de rosa es uno de los aromatizantes más costosos y rara vez se utiliza en jabones. Pese a ello, es posible darse el gusto de disfrutar del maravilloso y dulce perfume de las rosas utilizándolo en forma diluida y combinándolo con el aroma fresco del geranio.

NECESITARÁ

- 840 g de base de jabón de leche de cabra cortada en trocitos
- Báscula electrónica
- Recipiente para microondas
- Horno microondas
- Mondadientes
- Selección de colorantes líquidos para jabón (en este proyecto hemos utilizado rojo carmesí, rosa salmón, naranja y violeta)
- 5 ml de aceite esencial puro de rosa diluido y 5 ml de aceite esencial de geranio
- Bandeja de silicona con seis moldes para pastel con forma de rosa
- Vaporizador pequeño lleno de alcohol de uso externo o alcohol de 96°

1 Divida la base de jabón en seis porciones iguales de 140 g. Ponga una porción en un recipiente pequeño para microondas y caliéntela a toda potencia, en series de diez segundos, hasta que el jabón se funda de manera uniforme.

2 Cuando el jabón esté líquido, añádale deprisa el color mojando un palillo en el colorante de su elección y removiendo con él el jabón. Repita la operación tantas veces como desee, mezclando y combinando los colores hasta conseguir el tono y la intensidad que le interesen. (Si se empieza a formar una costra encima del jabón, métalo en el microondas diez segundos más.)

3 Justo antes de echar el jabón al molde, añada de 12 a 15 gotas de aceite esencial de rosa y otras tantas de aceite de geranio y remueva bien.

4 Vierta el jabón en uno de los seis moldes y pulverícelo inmediatamente con alcohol de uso externo o de 96° para eliminar las burbujas de la superficie. Repita estos pasos con los cinco jabones restantes, variando los colores.

5 Deje que los jabones se endurezcan durante varias horas, hasta que estén duros y fríos. Una vez endurecidos, sáquelos de los moldes y tendrá su ramo de rosas.

Jabón con corazón PROYECTO

Este proyecto emplea la técnica de incrustar para atrapar en el interior de una barra transparente de jabón un corazón. El jabón contiene un secreto, pues la pastilla exterior está aromatizada con aceite esencial de palisandro, endulzado y picante, mientras que el corazón desprende una cálida fragancia a vainilla. La pieza central se creó usando un molde para chocolate, pero también sirve uno de galletas.

NECESITARÁ

- 4 porciones de 25 g de base de jabón transparente cortada en trocitos
- Báscula electrónica
- Recipiente para microondas
- Horno microondas
- Cucharilla
- 1⁄8 de cucharilla de pigmento rojo vivo en polvo para jabón
- 1 ml (aprox. 20 gotas) de extracto de vainilla
- Molde de chocolate de 4 cm con forma de corazón
- Vaporizador pequeño con alcohol de farmacia de 96°
- 2 ml de aceite esencial de palisandro
- Molde de jabón cuadrado de 7,5 cm

1 Meta una porción del jabón en el recipiente para microondas y caliéntelo a máxima potencia en series de diez segundos hasta que se funda. Añada el pigmento y remueva hasta que se disuelva por completo. (Si el jabón empieza a solidificarse, vuélvalo a meter en el microondas diez segundos.)

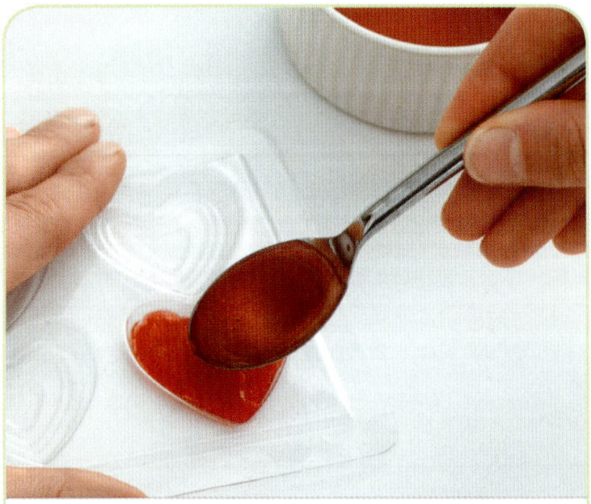

2 Incorpore ahora el extracto de vainilla y vierta la mezcla en el molde con forma de corazón. Rocíe la superficie de inmediato con alcohol de farmacia para eliminar las posibles burbujas y refrigere el jabón en el congelador durante al menos 30 minutos, hasta que se solidifique.

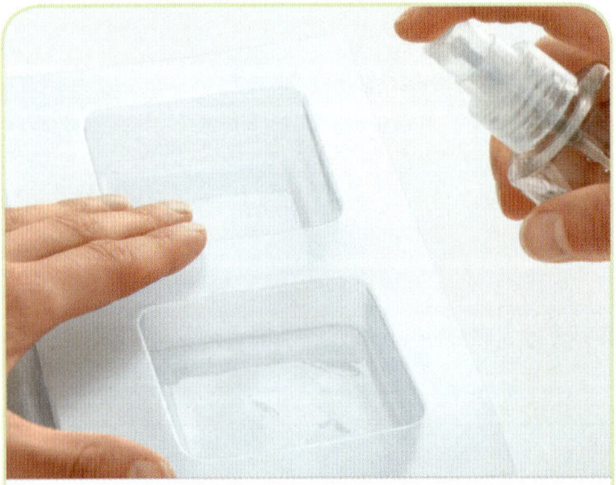

3 Entre tanto, funda una segunda porción del jabón. Cuando esté líquido, vierta unas 10 o 15 gotas de aceite de palisandro y remueva con cuidado para evitar que se formen burbujas. Viértalo luego en el molde cuadrado y rocíelo con alcohol para disolver las burbujas. El jabón debería rellenar un tercio del molde. Déjelo reposar al menos 30 minutos.

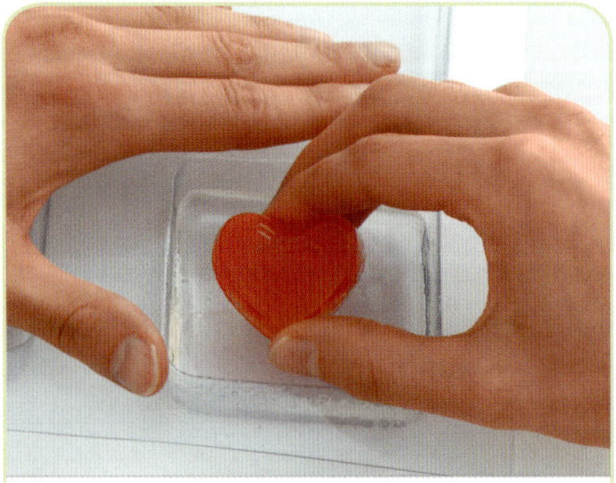

4 Funda otra porción de jabón y aromatícela con 10 o 15 gotas de palisandro. Resérvela 1 o 2 minutos. Desmolde el corazón, rocíelo con alcohol y colóquelo sobre la primera capa de jabón. Pulverice alcohol por encima de toda la capa y, luego, con una cuchara, vierta el jabón fundido alrededor del corazón para fijarlo en su sitio. Déjelo reposar al menos 30 minutos.

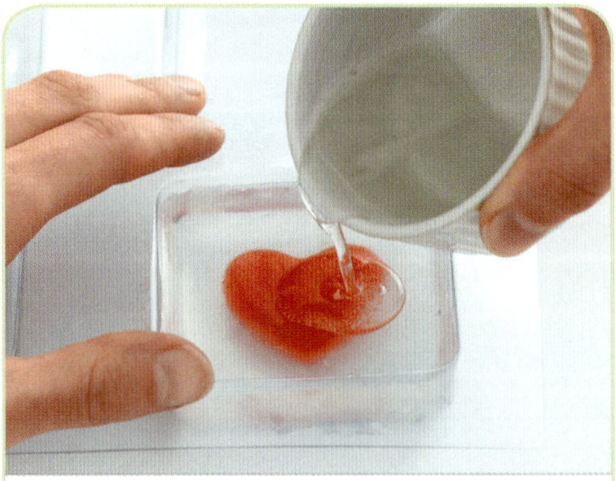

5 Repita el paso 3 con el resto del jabón. Una vez esté aromatizado, rocíe la capa previa de jabón con alcohol en abundancia para propiciar la adherencia de esta última capa. Vierta el jabón fundido en el molde y rocíelo una última vez con alcohol para eliminar las posibles burbujas. Déjelo reposar varias horas, hasta que se solidifique, antes de desmoldarlo.

Bombas aromáticas PROYECTO

La hora del baño es un momento muy divertido para los niños y la mejor manera de atraerlos a la bañera cada noche es transformar el agua con una selección de bombas de baño efervescentes. Puede decorarlas con todo tipo de materiales, desde purpurina y pequeñas lentejuelas hasta elementos de decoración para repostería. Si usa aceites esenciales, manténgalos fuera del alcance de los niños.

NECESITARÁ

- 200 g de bicarbonato sódico
- 100 g de ácido cítrico
- Colorante alimentario
- 2 cucharadas de aceite de oliva
- Aceite aromático
- Vaporizador pequeño
- Esencia de hamamelis
- Moldes de plástico
- Bolitas de azúcar o purpurina comestible

1 Ponga el bicarbonato sódico y el ácido cítrico en un cuenco grande. Luego, añada unas cucharaditas (o unas gotas) de colorante alimentario a la mezcla.

2 Rocíe con aceite de oliva la superficie de la mezcla, en lugar de verterlo todo en el centro, y agregue de 1 a 3 gotas de aceite aromático. Los aceites esenciales de lavanda y vainilla son una excelente opción para los niños.

3 Mezcle bien el contenido del cuenco con las manos y deshaga los grumos. Con ayuda del vaporizador, humedezca ligeramente con esencia de hamamelis la mezcla, que debería mantenerse unida al apretarla entre las manos.

4 Espolvoree una pequeña cantidad de purpurina comestible o de bolitas de azúcar en cada una de las dos mitades de los moldes de plástico. A continuación, rellénelas con la mezcla y presione con firmeza.

5 Apriete el molde hasta cerrarlo; presione las dos mitades de manera que formen una esfera y retire cualquier sobrante que sobresalga. Antes de desmoldar las bombas de baño, déjelas reposar durante 5 horas para que se endurezcan.

Tapicería TÉCNICAS

Tapizar el asiento de una silla es la forma más sencilla de tapicería, ideal para novatos. Con unos cuantos materiales de tapicería básicos, puede dar nueva vida a muebles viejos y afeados. Una vez domine las técnicas básicas de la tapicería, podrá avanzar hacia proyectos más complicados.

PREPARAR EL ASIENTO

Si utiliza el armazón de una silla vieja, necesitará retirar todos los materiales de tapicería con un mazo y una gubia dentada. Fije las juntas sueltas y rellene los agujeros que dejen las tachas con masilla para madera o bien mezclando cola para madera con serrín hasta obtener la consistencia de unas gachas. Introduzca la mezcla en los agujeros de las tachas y limpie los residuos de la superficie del armazón.

Cinchar el asiento

1 Con cincha de calidad y trabajando desde la parte trasera del asiento hacia la delantera, coloque las cinchas separadas por un espacio menor al ancho de la cincha.

2 Doble el extremo de la cincha unos 2 cm, de manera que quede a 1,5 cm aproximadamente del límite exterior del marco. Clave tres tachas de 13 mm en el borde posterior de la cincha y dos más en una segunda fila creando una resistente formación en W.

3 Use un tensor de cinchas para que la cincha quede bien tensada en el armazón. Con el mango hacia el lado opuesto a usted y el pasador colgando hacia abajo, enrolle la cincha a través de la ranura en el tensor. Inserte el pasador en el bucle de la cincha y ténsela.

4 Tense la cincha tirando del tensor sobre el borde delantero del marco de la silla y clave tres tachas de 13 mm a 1,5 cm del límite exterior del armazón.

5 Corte la cincha, dejando 2 cm para hacer el doblez. Vuélvala y clávela con dos tachas más de 13 mm, formando una W invisible. Fije todas las cinchas que vayan en este sentido del mismo modo.

6 Añada un segundo grupo de cinchas en perpendicular al primero, pasándolas alternativamente por encima y por debajo de las primeras cinchas para crear un soporte adecuado. Ténselas y fíjelas en su sitio con tachas como se ha indicado antes.

Colocar la arpillera

Extienda una arpillera de grosor medio sobre las cinchas. Haga un doblez en los bordes y clave la arpillera al armazón del asiento con una fila de tachas de 10 mm colocadas a 1,5 cm aproximadamente del borde del marco.

Embridar

1 Con una aguja curva enhebrada con bramante, haga unas largas puntadas (bridas) en la arpillera. Estas puntadas, de unos 10 cm de longitud, se realizan llevando la aguja hacia atrás y colocando los dedos bajo el hilo para evitar tensarlo demasiado. Estas puntadas ayudarán a sujetar el relleno.

2 Distancie las bridas no más de 10 cm. Haga una serie de puntadas a lo largo de los bordes exteriores de la arpillera y algunas más en el centro para que sean más efectivas.

Añadir el relleno

1 Coloque una capa generosa de relleno de crin suelta sobre la arpillera, metiéndola bien por debajo de las bridas para sujetarla en su sitio.

2 Separe bien la crin con los dedos para eliminar los posibles nudos y crear un consistencia homogénea, blanda pero firme.

3 Cree un relleno uniforme de unos 4 cm de grosor. También puede usar como relleno fibra, espuma o borra de lana o algodón.

Añadir la guata

Cubra el pelo con dos capas de guata cortadas con las mismas dimensiones que el asiento. Estas capas ayudarán a que la crin no traspase la tela de tapicería.

2 Fije el calicó a 1,5 cm del borde exterior del asiento por los cuatro lados con tachuelas de 10 mm, sin clavarlas del todo. Deje las esquinas para el final.

Cubrir con calicó, entretela o tejido barrera

1 Recubra el relleno con calicó o una entretela o tejido barrera ignífugo, según convenga. Corte el calicó o la tela 10 cm más grande que el asiento. Dele la vuelta al asiento, sitúelo encima del calicó y tense este. Fije provisionalmente el calicó o la entretela en su sitio por la parte de abajo del asiento utilizando tachas de 10 mm.

3 Con un sacaclavos, saque y sustituya cada tacha temporal, tensando el calicó o entretela a medida que avanza, hasta conseguir unos bordes nítidos. No debe quedar relleno en los bordes externos del asiento o, de lo contrario, podría no encajar en el armazón de la silla. Clave las tachas completamente.

Rematar las esquinas

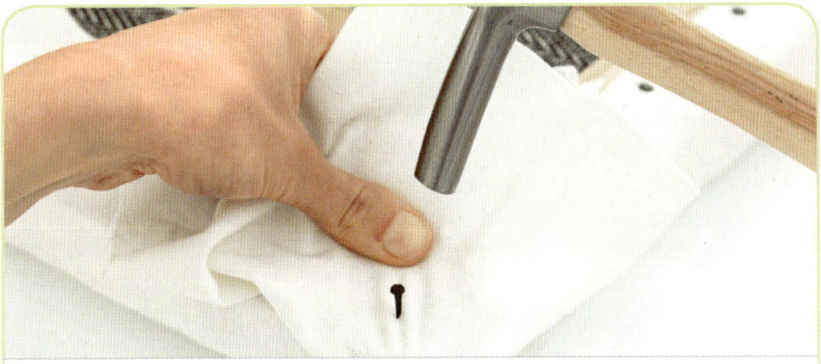

1 Remate las esquinas tirando del calicó o entretela con fuerza sobre el punto central de cada esquina. Sujete la tela con una tachuela de 10 mm por la cara inferior del asiento.

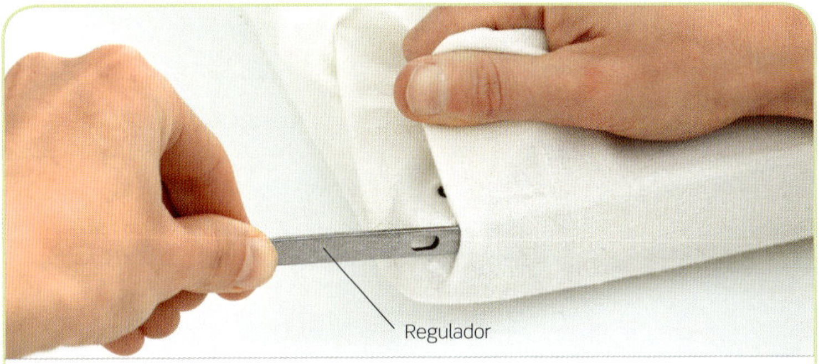

2 Ayúdese del extremo del regulador para plegar el calicó limpiamente, de manera que forme un pliegue en un lado de la esquina.

3 Abra el pliegue y recorte el calicó sobrante alrededor de la cabeza de la tachuela.

4 Vuelva a hacer el pliegue y sujételo en su sitio con una tachuela de 10 mm.

5 Corte el calicó sobrante a ras de las tachas.

6 Repita este proceso para la otra cara de la esquina y de nuevo en las esquinas restantes.

NORMAS DE SEGURIDAD ANTIINCENDIOS

En España, por ejemplo, los tejidos utilizados para el tapizado de butacas y asientos tienen que cumplir unos requisitos mínimos acordes con la normativa de la Unión Europea que establece una clasificación de los materiales textiles para interiorismo y decoración en función de su reacción al fuego. Si el tejido no cumple estas normas, debe ser usado junto con una entretela o un tejido barrera sobre el relleno, o bien aplicársele algún tipo de recubrimiento ignífugo.

Asiento almohadillado PROYECTO

El asiento almohadillado de los armazones de silla tradicionales puede extraerse fácilmente de la estructura. A la hora de cambiar la tapicería de estos asientos, hay que prestar mucha atención a no dejar que sobresalga tela ni relleno por los lados del asiento, pues este podría no encajar bien.

NECESITARÁ

- Silla con asiento almohadillado
- Cincha de lona
- Tijeras
- Tachas de 10 mm y 13 mm, y tachuelas de 10 mm
- Martillo para tapicería
- Tensor de cinchas
- Arpillera de peso medio
- Bramante
- Aguja curva
- Relleno de crin (fibra, borra o espuma)
- Guata
- Calicó o entretela/tejido barrera ignífugo
- Sacaclavos para tachuelas
- Regulador
- Tela (la que más le guste)
- Forro

1 Una vez haya preparado el asiento de la silla (pp. 84-87), forre el calicó con la tela de su elección, asegurándose de que el estampado quede posicionado de un modo correcto.

2 Corte la tela 10 cm más grande que el tamaño del asiento.

3 Tense la tela tal como ha hecho con el calicó, con tachas de 10 mm clavadas a 1,5 cm del borde exterior del asiento. Corte la tela sobrante a ras de las tachas.

4 Corte un trozo de forro del tamaño y la forma de la cara inferior del asiento. Póngalo sobre la tela de tapicería, cubriendo todas las tachas y bordes internos.

5 Doble hacia dentro los bordes del forro y clávelo con tachas al asiento, a 1 cm del borde exterior.

6 Doble las esquinas del forro para que se vean pulidas y clávelas con tachas. Encaje el asiento en la estructura de la silla.

Plantillas

Farolillos (pp. 54–55)

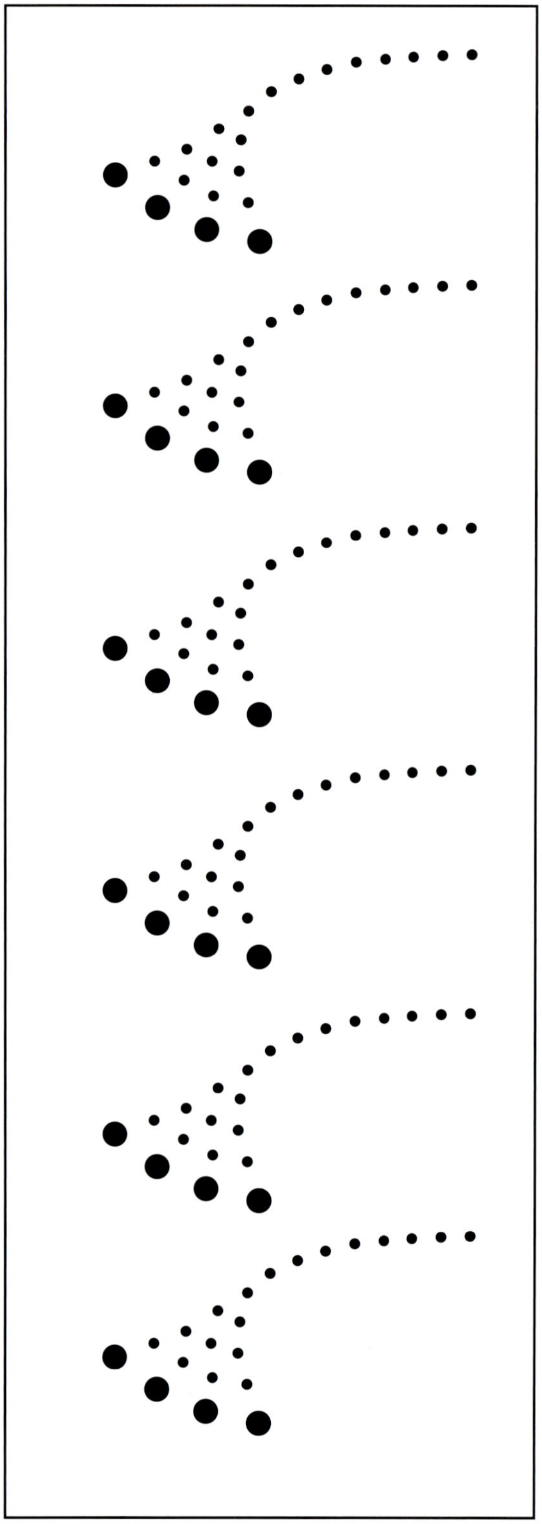

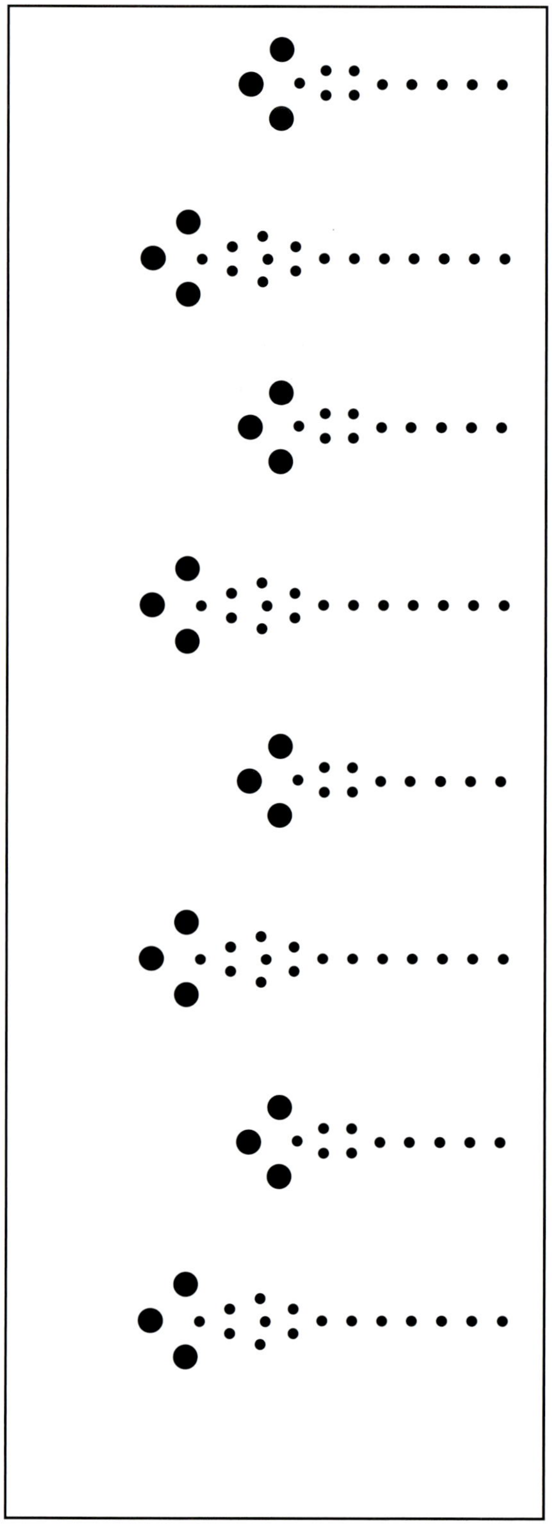

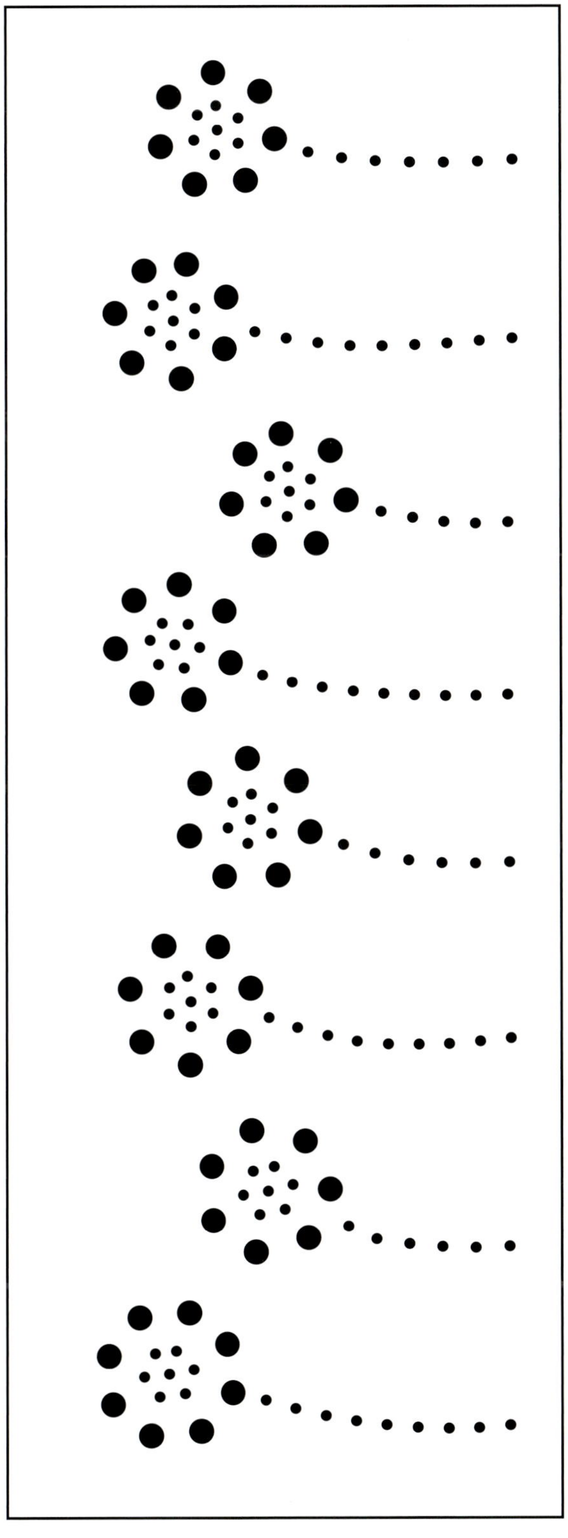

Farolillos (pp. 54–55)

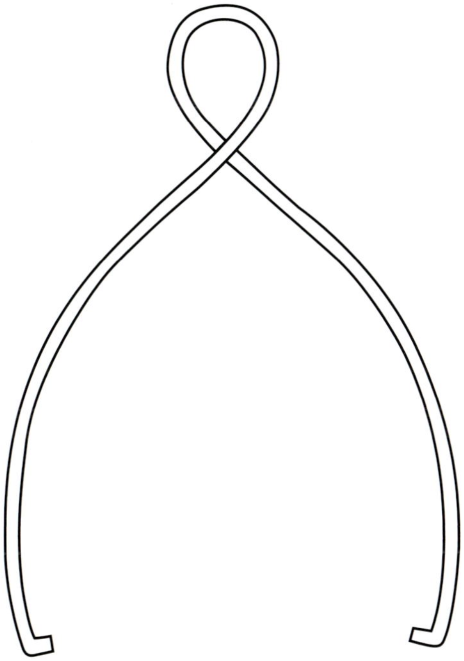

Marco (pp. 46–47)

Amplíe o reduzca la plantilla al tamaño deseado en una fotocopiadora

Mesita de noche (pp. 50–51)

Amplíe o reduzca la plantilla al tamaño deseado en una fotocopiadora

Corazón de alambre (pp. 58–59)

Índice

Autores

Un equipo de artesanos expertos en su materia ha colaborado para hacer posible esta obra.

Michael Ball

Hojalata

Alambre

Sarah Ditchfield

Velas de inmersión

Velas tricolor

Velas de miel

Susan Flockhart

Pastilla de jabón vegetal

Rosas de jabón

Jabón con corazón

Annemarie O'Sullivan

Cestería

Wendy Shorter

Tapicería

Debbie Siniska

Alfombras de trapo

Denise Stirrup

Flores prensadas

Anne Taylor

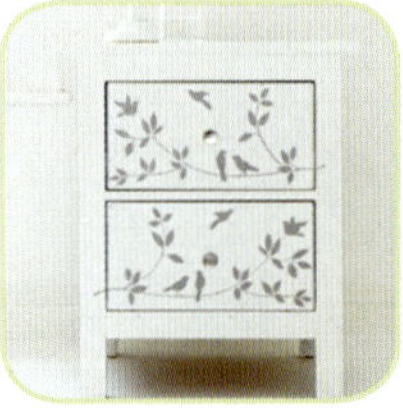

Pintura de muebles

Dorothy Wood

Reciclaje

AGRADECIMIENTOS

Dorling Kindersley desea dar las gracias a Fiona Corbridge por su ayuda en el proceso de edición, a Ira Sharma y Era Chawla por su ayuda en el diseño, a Jane Ewart por la dirección de fotografía, a Ruth Jenkinson por la fotografía, a Carly Churchill por el modelado a mano y la asistencia fotográfica, a Meryl Davies por la asistencia fotográfica, a Hilary Mandleberg por sus verificaciones, a Ria Holland por la asistencia en el diseño, a Katie Hardwicke por la corrección de estilo y a Marie Lorimer por la elaboración del índice.